Holger Reiners

Einfamilienhäuser aus Holz

Planen, Bauen und Wohnen mit einem natürlichen Baustoff

Callwey

BAUART

Zu Abbildung Seite 2: Entwurfsskizze der Architekten Fink + Jocher, München. Projektdokumentation auf den Seiten 42 bis 43.

DANK

Mein herzlicher Dank gilt dem Verleger, Herrn Helmuth Baur-Callwey, und dem Lektor und Verlagsleiter, Herrn Roland Thomas, die dieses Buch mit viel Verständnis und Mut auf den Weg gebracht haben.
Ohne die Mitarbeit, das große Interesse und die Großzügigkeit der Architekten, Bauherren und Fotografen, die mit so viel Engagement Unterstützungsarbeit geleistet haben, hätte das Buch nicht entstehen können.
Ihnen allen sei sehr herzlich gedankt.
Die angehenden Architekten Frank Stille und Joachim Montzka haben die Zeichnungen und Grafiken hergestellt, um dem Buch eine einheitliche Handschrift zu geben.
Herrn Eberhard Wolf, der das Layout des Buches erarbeitet und betreut hat, danke ich für seine engagierte Arbeit.

Die Deutsche Bibliothek – CIP Einheitsaufnahme
Einfamilienhäuser aus Holz: Planen, Bauen und Wohnen
mit einem natürlichen Baustoff / Holger Reiners. – 3. Aufl. –
München: Callwey, 1997
(BauArt)
ISBN 3-7667-1140-7
NE: Reiners, Holger

3. Auflage 1997

Umschlaggestaltung (unter Verwendung einer Abbildung des Projektes auf den Seiten 44–47) Baur + Belli Design München
Buchgestaltung Eberhard Wolf, Frechen-Königsdorf
Lithos Karl Findl, Icking
Satz Art Typo, Köln
Druck Kastner & Callwey, Forstinning bei München
Bindung Conzella, Aschheim bei München
Printed in Germany 1997
ISBN 3-7667-1140-7

Inhalt

Einfamilienhäuser aus Holz. 48 gebaute Plädoyers für ein faszinierendes Baumaterial

Vernunft und Phantasie" - mit dieser Kapitelüberschrift leitete der Architekturkritiker Manfred Sack 1985 sein Buch „Einfache Paradiese" ein. Sein einfühlsames Plädoyer für den Werkstoff Holz könnte heute kaum anders, vor allem aber nicht besser geschrieben werden. „Einfache Paradiese" stand damals seismografisch für den Neubeginn einer anderen, feinfühligeren und kreativeren Architektur. Er schrieb: „Holzhäuser sind ganz gewiß kein Allheilmittel gegen das zivilisatorische Unwohlsein, das uns befallen hat, und schon gar nicht die einzige Offenbarung, welche die Architektur der Gegenwart für das menschenfreundliche, das angenehme, praktische, umweltfriedliche, das poesievolle Wohnen zu bieten vermöchte." Aber Häuser aus Holz stellen eine überzeugende Möglichkeit dar, vernünftig und phantasievoll zu bauen. Den von Manfred Sack eingeleiteten Weg möchte dieses Buch fortsetzen. Es will mit seinen Informationen über das Planen, Bauen und Wohnen mit Holz und der Dokumentation von 48 ausgeführten Einfamilienhäusern demonstrieren, welche Vielzahl an architektonischen Lösungen - für unterschiedliche Bedürfnisse in unterschiedlichen Landschaften - mit diesem Baumaterial realisiert werden können.

Die Entwürfe sind gebaute Antworten auf ganz individuelle Fragestellungen der Auftraggeber. Sie sind nicht übertragbar im Sinne eines Musterbuches. Sicher können sie aber vielfältige Anregungen liefern für die Konzeption der eigenen Grundriß- und Baukörpervorstellungen, den konstruktiven und den gestalterischen Umgang mit diesem faszinierenden Baustoff, dessen Materialeigenschaften noch lange nicht ausgeschöpft sind. Das heißt aber nicht, daß Holz ein experimenteller Baustoff ist, über dessen Verläßlichkeit erst noch Erfahrungen gesammelt werden müßten. Im Gegenteil. Über kein anderes Baumaterial gibt es so viele Informationen, mit keinem anderen Baumaterial wurden so viele Erfahrungen gemacht und auch nur annähernd so zahlreiche handwerkliche Meisterleistungen vollbracht. Dieser Erfahrungsschatz wartet darauf, mit neuem Leben erfüllt zu werden. Auch dieses Buch möchte dazu einen erneuten Anstoß liefern.

Ein Klassiker der neuen Holzbauära von Professor Erich Schneider-Wessling aus Köln.

Der Werkstoff Holz: Eine architektonische Herausforderung

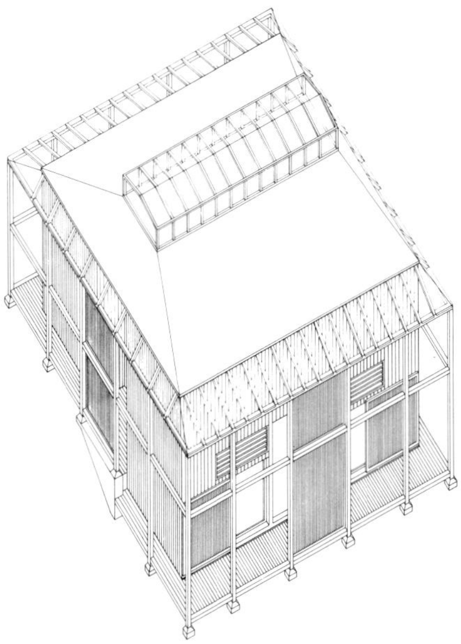

Die Planunterlagen zeigen beispielhaft, wie die Architekten GPF mit dem Werkstoff Holz umgehen.

Es ist ein Phänomen, daß all die Architekten - vor allem die deutschsprachigen -, die sich zum Thema Bauen mit Holz geäußert haben, dies in der Form eines Bekenntnisses tun. Holz wird nie in der barocken Fülle seiner Möglichkeiten beschrieben, sondern immer mit dem Begriff der Askese, der Strenge und der Disziplin bedacht. In all diesen Begriffen verbirgt sich die Herausforderung, der Wunsch, den Dingen auf den Grund zu gehen, um eine einfache, gültige Antwort zu finden. Gerade das macht einem den Umgang mit Holz nicht leicht. Dieser Werkstoff verzeiht keine konstruktiven Fehler - er verweigert sich vielmehr, bis er am Ende zerfällt. Am Rande der Gefahr zu arbeiten und keine Fehler machen zu dürfen, ist die eine Seite der Herausforderung. Die andere ist der Wunsch nach der adäquaten Form. Auch hier fordert der Werkstoff Holz heraus, gerade weil heute mit der Perfektion der Kopierfräsen eigentlich alle Formen möglich wären - noch viel mehr als bei den pittoresken Holzhäusern der Gründerzeit mit ihren wiederbelebten gotischen Schnitzereien, den Renaissancefassaden und dem muskelbepackten Atlas, der noch immer so manchen Balkon zu tragen hat. Das gestalterische Gegenteil wird zum Ziel: die Schlüssigkeit der Form, reduziert auf das allein Notwendige. Woher kommt dieses Anliegen, wenn es nicht nur Aversion gegen das falsche Schnitzwerk sein soll? Der Architekt Günter Pfeifer aus Lörrach hat zahlreiche Holzhäuser gebaut und sich mit den gedanklichen Dimensionen dieses Bautyps intensiv auseinandergesetzt. Seine Erfahrungen formulierte er auf meine Bitte hin: „Im alemannischen Sprachbereich hat der Holzbau eine lange Tradition. Sie war geprägt vom handwerklichen Umgang mit Holz und der kargen - sprich kostenbewußten - Haltung der Einheimi-

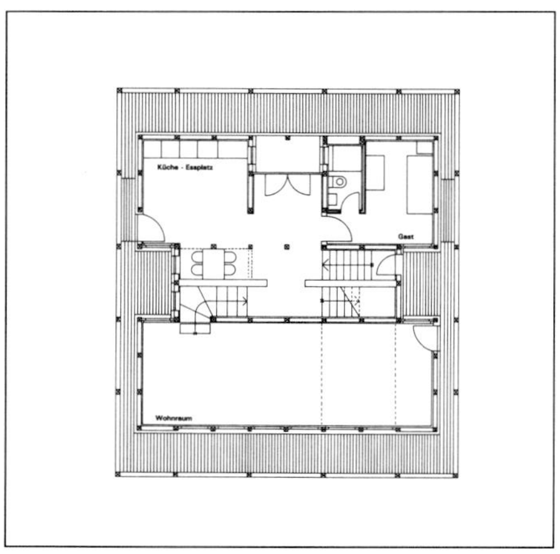

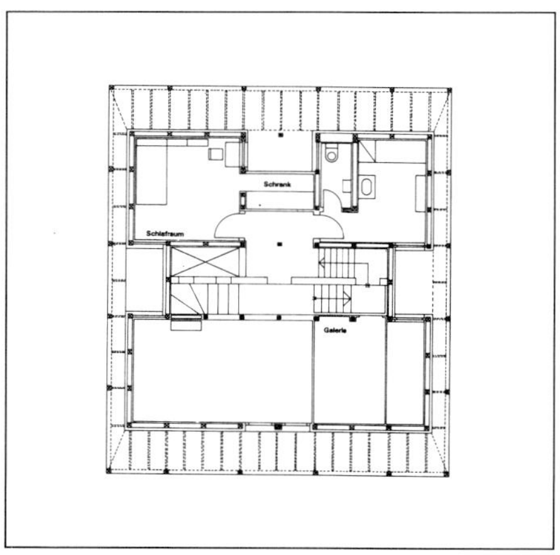

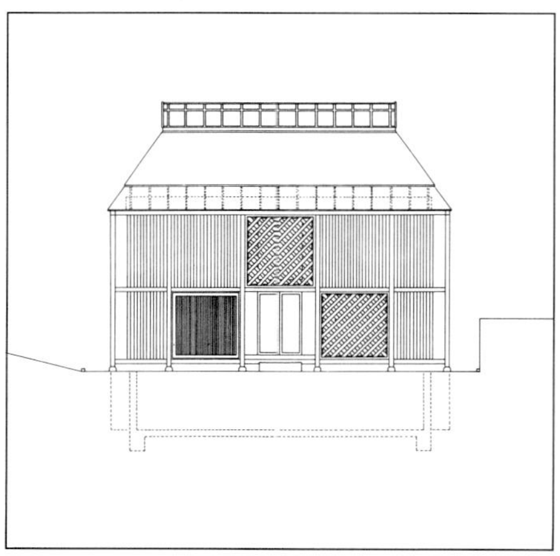

schen. Aus dieser Tradition heraus heißt unser Hauptwort der Bauphilosophie: Reduktion. Ihr Synonym: Simplizität. Es ist unser Bemühen, Einfachheit hier als Ergebnis eines beständigen Reduzierens, eines Abschleifens von Überflüssigem zu erreichen, um das Wesentliche stark zu formulieren.

Die kleinen Spannweiten und die bauphysikalischen Eigenschaften werden nicht als gestalterische Einschränkung empfunden.

Diese Haltung geht bis in die Bearbeitung der Details. Alle unsere Häuser sind nach dem gleichen Prinzip gebaut: Einfache Pfosten-Riegel-Konstruktionen, Raster 1,25 x 1,25 Meter, von ortsansässigen Zimmerleuten gebaut, Spannweiten über 4,5 Meter werden grundsätzlich vermieden. Die Konstruktionen sind normalerweise überall verkleidet, so daß die Holzverbindungen mit neuen Verbindungselementen (Lochnagelbleche) ausgeführt werden können.

Die Außenschale wird als ‚Haut' behandelt. Aus diesem Grunde werden keine Dachüberstände gebaut. Die Haut besteht aus einer senkrechten Stulpschalung, meist aus einfachen tannenen Brettern, die nur salz- oder druckimprägniert sind. Die qualitativ bessere Ausführung erfolgt in Red Cedar-Holz, das unbehandelt bleibt und im Laufe der Jahre eine matt silbrige Farbe erhält.

Die innere Verkleidung besteht meist aus Sperrholz oder Gipskartonplatten auf Lattenunterkonstruktionen, Böden werden aus tannenen Riemen hergestellt. Der innere Eindruck eines Holzhauses beschränkt sich meistens auf nur wenige Elemente, entweder Dach- oder Deckenkonstruktionen oder Holzböden. In den letzten Jahren haben wir begonnen, die reinen Holzhauskonstruktionen mit Stahlbetonwänden und Mauerwerksteilen zu kombinieren. Dabei werden die massiven Teile als formales Komplement zum ‚weichen Teil' des Holzbaus gesetzt."

Auch bei diesen jüngsten Bauwerken des Architekten Günter Pfeifer (S 126 - 133) sind Reduktion, Disziplin und Strenge das beherrschende Entwurfsprinzip. Und am Ende eines solchen Entwurfs steht dann als herausgearbeitetes Ergebnis die einfachste, die überzeugendste Form - nicht die einfachste Lösung. Kann Bauherren Besseres widerfahren?

Haus Suzuki Schörstadt - Dossenbach
Die Bauherrin - eine japanische Pianistin, die in Europa studiert hatte - wünschte sich für ihren deutschen Lebensbereich ein einfaches Haus.
Das Haus sollte nur für sie allein, ihre Instrumente und gelegentlich für einen Gast nutzbar sein.
Obwohl sie lange Zeit im deutschen Raum zugebracht hatte, sollte das Haus Elemente ihrer Heimat beinhalten oder transformieren.
Der Grundriß ist auf vier Quadraten aufgebaut, die voneinander mit Erschließungsachsen getrennt sind.
Diese Grundrißfigur steht in einem Gerüst, das die Dachkonstruktion trägt und der Figur einen Rahmen gibt.
Die Schnittfigur ist von der Höhenentwicklung der Räume geprägt, die sich durch den halbgeschossigen Versatz ergibt. Die Treppe - quer zum Grundriß - erschließt die Räume um einen „Paravant", der die „privaten" (intimen) Räume von den „öffentlichen" Räumen trennt. Diese Wand ist gleichzeitig der Lichtreflektor für das verglaste Oberlicht, das das ganze Haus innen belichtet.
Das ist der Grund, warum alle Fenster in den Außenwänden mit Schiebeläden oder Holzparavants verdeckbar gemacht werden. Sie sind damit manipulierbar ähnlich der japanischen „Shoji" und lassen die Landschaft der Schwarzwaldberge so in den Innenraum treten, wie die Bewohnerin dies wünscht. In Teilbereichen sind festgestellte Holzlamellen ähnlich den Lüftungselementen von Tabakschöpfen eingesetzt.
Die Dachform ist ein Walmdach mit zwei verschiedenen Dachneigungen. Der Dachreiter und die seitliche Umgangsüberdachung ist aus Glas.
Die Symbiose von Schwarzwälder und japanischer Architektur sehen wir in der Kombination von japanischem Grundriß und europäischem Schnitt; d. h., die mehr flächige japanische Architektur wird mit der mehr räumlichen europäischen (Schwarzwälder) Architektur verbunden. Die Ausbildung der Details ist in der traditionellen Durcharbeitung beider Baukulturen ähnlich.
Architekten: GPF und Assoziierte, Lörrach.

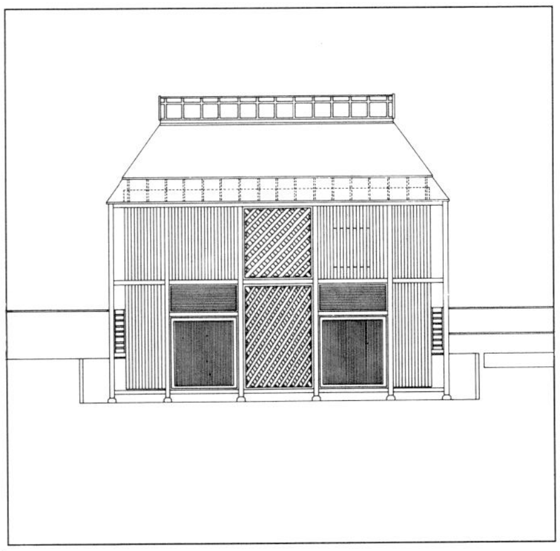

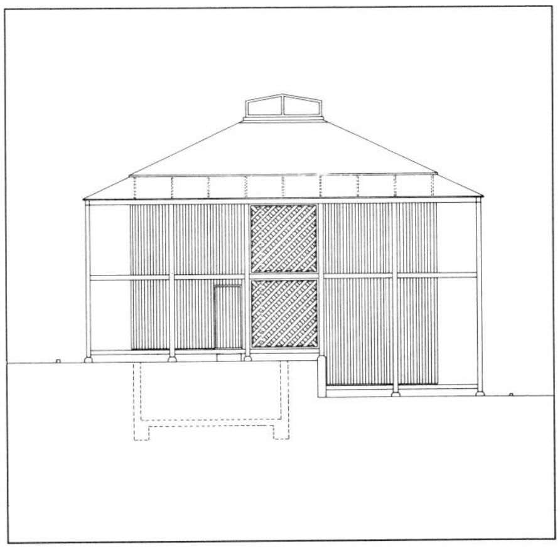

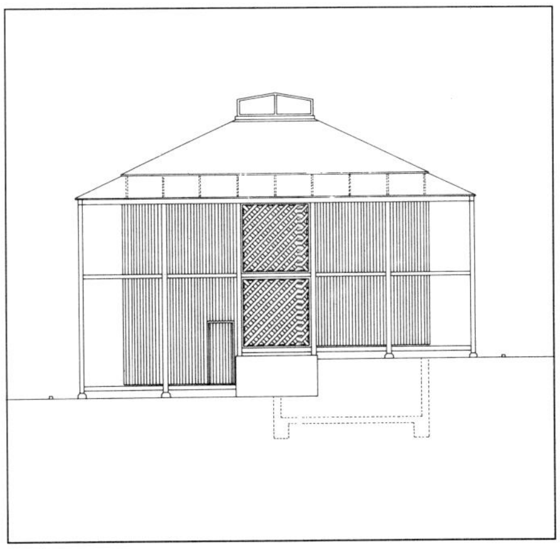

Experimentelle High-Tech-Skelettkonstruktion in Graz: Materialminimierung, selbsttragende hinterlüftete Wand-Sandwichkonstruktion, Holzkonstruktion ohne Schutzanstrich, um die Materialverfärbung ins Dunkelrot bis Schwarz sichtbar zu machen, Grasdach als Klimaregulator. (Architekten: Volker Giencke & Company, Graz).

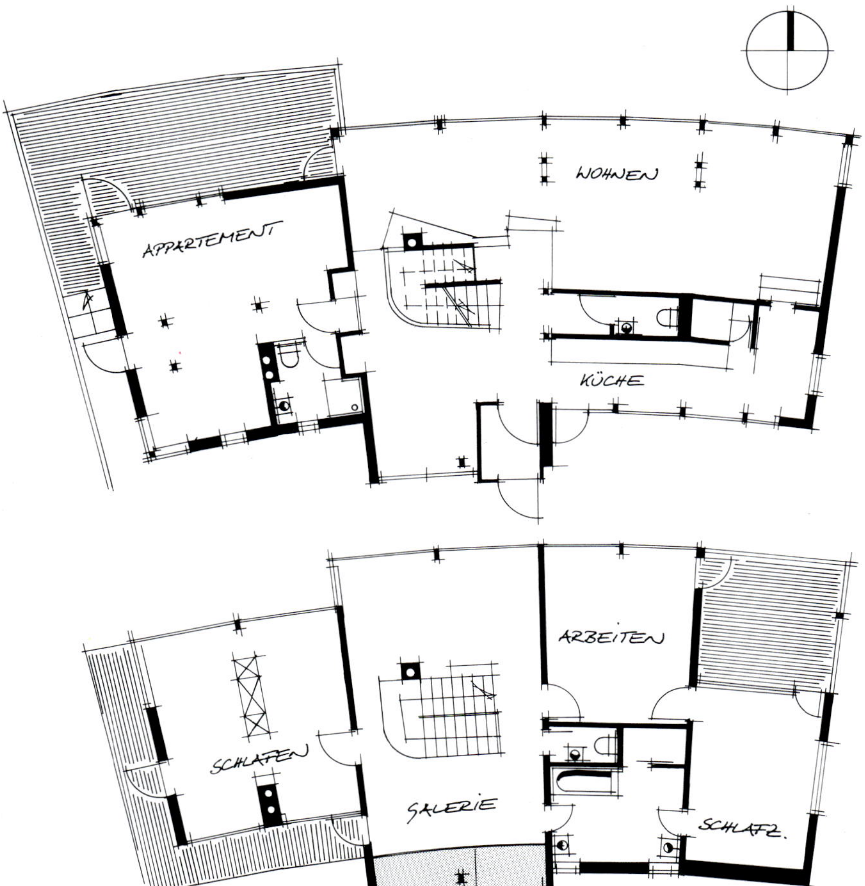

Die gängigen Konstruktionssysteme

Drei Konstruktionssysteme haben sich im Holzbau für Einfamilienhäuser durchgesetzt: der Holzständer- oder Skelettbau, der Holztafelbau und der Holzrahmenbau. Das Blockhausprinzip und das traditionelle Fachwerkhaus können hier vernachlässigt werden, da sie im Einfamilienhausbau keine Rolle mehr spielen. Gemeinsam ist den drei gängigen Konstruktionsarten, daß sie auf ideale Weise Trag- und Dämmfunktion in einer Ebene verbinden, das heißt nebeneinander und nicht wie in Massivhauskonstruktionen additiv hintereinander angeordnet werden müssen. Das Prinzip der kombinierten Trag- und Dämmfunktion - die Wärmedämmung liegt zwischen den tragenden Hölzern, die selber einen sehr geringen Wärmedurchlaß haben und daher nicht gedämmt werden müssen - ist mit geringen Wandstärken besonders platzsparend. Je Geschoß stehen daher bei Holzbauten einige Quadratmeter Nutzfläche mehr zur Verfügung als bei Massivbauten gleicher Gebäudegrundfläche. Bei Herstellungspreisen zwischen 1700 und 4000 DM pro Quadratmeter Wohnfläche ergeben sich also allein durch die Entscheidung für Holz als Trag- und Wandkonstruktion spürbare Einsparmöglichkeiten.

Der Holzständerbau

Der Holzständer- oder Holzskelettbau ist eine Weiterentwicklung der vertrauten kleinteiligen Fachwerkbauweise. Im Unterschied zu dieser - das Bild der oft kunstvollen Mauerwerk-, Lehm- oder Putzgefache mit dem klar ablesbaren Tragprinzip des Balkenwerks gilt ja noch immer als Sinnbild einer besonders menschlichen Architektur - nutzt das moderne Holzskelett die Möglichkeit großer Ständerabstände und über zwei oder auch drei Stockwerke durchlaufende Stützen. Das vereinfacht das Aufstellen der Tragstruktur und minimiert den Holzverbrauch. Zusammen mit den waagerechten Trägern, die als Fachwerkträger, Verbund- oder unterspannte Konstruktionen auch größere Spannweiten ermöglichen, bildet es das statische Gerüst. Diagonalverstrebungen, Zugbänder oder auch massive Bauteile übernehmen die Lastabtragung der horizontalen Windkräfte. Zwischen den tragenden Stützen wird die Wärmedämmung eingebracht, und anschließend wird das Skelett außen mit der winddichten Wetterschale und innen entweder mit Gipskartonplatten oder einer Holzschalung mit Dampfsperre vertäfelt. Dabei sind den Gestaltungswünschen an diese Wandflächen - anders zum Beispiel als bei konventionellen Einfamilienhäusern - kaum Grenzen gesetzt. Den wesentlichen Vorteil des Skelettbaus mit großen Stützabständen bringt die Flexibilität in der Grundrißgestaltung, also der Anordnung der Raumtrennwände. Fixpunkte sind allein die tragenden Stützen, die Wände können je nach Wunsch dazwischengestellt und bei einer veränderten Nutzung auch leicht wieder entfernt werden. Da die Wände keine tragende Funktion haben, können sie auch aus raumhohen Glaselementen, als halbhohe Trennwände mit abschließendem Oberlicht oder auch nur als Brüstung ausgebildet werden. Die Stützen können entweder als architektonisches Element frei in den Raum oder vor die Wand gestellt, in der Trennwand versteckt, oder auch flächenbündig betont werden. Für den Bauherrn bringt die Wahl eines Holzskeletts für sein Einfamilienhaus also eine Fülle von Vorteilen: Es ist eine kostengünstige und zeitsparende Bauweise. Durch die trockene Verarbeitung aller Materialien oberhalb des Fundamentes entsteht keine Baufeuchte, die vor dem Bezug des Hauses erst abtrocknen muß, und es ist eine Bauweise, die ein hohes Maß an Eigenleistung der Bauherrn in der Bauphase und auch bei späteren Umbauten zuläßt. Darüber hinaus sind die Einzelteile des Holzskeletts relativ leicht, so daß das Baumaterial mit einfachem Hebezeug oder auch von Hand auf der Baustelle transportiert werden kann. Teure Kräne, schweres Gerät und eine befestigte Baustellenzufahrt sind beim Bau von Holzhäusern meist nicht erforderlich.

Der Holztafelbau

Im Gegensatz zum Skelettbau ist der Holztafelbau ein Wandbausystem, dessen flächige Konstruktionselemente - Wände und Decken - als schubsteife Scheiben die gesamte Tragfunktion übernehmen. Diese meist komplett vorgefertigten Elemente bestehen aus einem Holzrahmen, einer eingelegten Wärmedämmung mit einem Schichtenaufbau wie beim Skelett und einer äußeren und inneren Beplankung, die den Rahmen aussteift. Diese Elemente werden dann an der Baustelle in kurzer Montagezeit zusammengefügt. Die sichtbaren äußeren und inneren Wandflächen können in der Oberflächenwirkung individuell gestaltet werden. Die Möglichkeit der weitgehenden Vorfertigung und damit auch einer termingerechten Lieferung hat den Holzrahmenbau zur bevorzugten Konstruktionsart im Fertighausbau gemacht. Aber auch im individuell gefertigten Architektenhaus wird diese Konstruktionsart eingesetzt. Trockene Bauweise, witterungsunabhängige Montage in der Werkhalle und ein schnelles Aufstellen innerhalb weniger Tage - der restliche Ausbau kann dann wettergeschützt unter dem eigenen Dach erfolgen - sind die wesentlichen Charakteristika des Holztafelbaus. Den vielen Vorzügen dieser Bauweise, die eine wirklich industrielle und kostengünstige Serienfertigung erlaubt, steht der Nachteil des starren Wandbausystems mit den unverrückbaren tragenden Scheiben entgegen. Umbauten und das Versetzen von Wänden gestalten sich also schwieriger und teurer als beim Skelettbau. Der Holztafelbau erfordert wegen seines hohen Installationsgrades und komplizierter Verbindungen aller Leitungen und Anschlüsse eine äußerst detaillierte Vorplanung, die sich am ehesten für normierte Typenhäuser lohnt. Aber auch mit denen läßt sich gute Architektur machen.

Der Holzrahmenbau

Der Holzrahmenbau ist aus gutem Grund die in Amerika am weitesten verbreitete Konstruktionsart im Holzbau. Jetzt hat sie endlich auch hier ihre technische Zulassung bekommen. Sie ist eine abgewandelte Tafelbauweise, bei der die Holzrahmen - ein feingliedriges Traggerippe - nur einseitig beplankt werden. Die verwendeten Holzquerschnitte, die Dämmstoff- und Plattenmaße für die Beplankung sind standardisiert. Wenige Materialien und wenige unterschiedliche Holzquerschnitte - oft auch nur ein einziges Maß von 6 x 12 Zentimetern - und vielfach erprobte, einfache Details und Verbindungsmittel - meist nur Nägel - machen diese Bauweise besonders wirtschaftlich, vor allem dann, wenn sie in Modulbauweise eingesetzt wird. Der Vorfertigungsgrad ist nicht ganz so hoch wie bei der Tafelbauweise, da die Wärmedämmung, die Dampfsperre, die Installationen und die Innen- und Außenverkleidung erst auf der Baustelle eingebracht werden. Dafür aber kann der Anteil der Eigenleistung sehr hoch sein, da die einzelnen Arbeitsgänge relativ einfach sind. Routinierte Betriebe können mit dieser Bauweise konkurrenzlos preiswert bauen. Wegen ihrer großen Flexibilität beim Entwurf - möglich ist eine variable, rasterunabhängige Grundriß- und Aufrißgestaltung - läßt sich der Wunsch nach gestalterischer Individualität mit dieser Baumethode besonders gut erfüllen. Ihr werden daher die größten Zukunftschancen beim Bau von Einfamilienhäusern vorausgesagt.

Hier können wir von den amerikanischen Architekten und Handwerkern noch sehr viel lernen: die reinen Baukosten eines vergleichbar großen Hauses sind dort etwa um 50 % niedriger.

Mischbaukonstruktionen

Komplexe Mischkonstruktionen sind zwar schwieriger zu planen und auszuführen, sie bieten dafür aber ein Höchstmaß an gestalterischer Entfaltung. Das betrifft die Anordnung und Durchbildung von Räumen ebenso wie die Gestaltung des Baukörpers und der Fassaden. Holzmischkonstruktionen haben in der Regel ein tragendes System aus Holz (Holzskelett, Holzrahmen oder Holztafeln), das dann für den Ausbau, für einzelne Gebäudeteile und auch für die Fassaden mit anderen Materialien wie Ziegeln, Beton oder Stahl kombiniert wird. Mischbaukonstruktionen verbinden in idealer Weise die Vorzüge jedes einzelnen Baumaterials. So kann zum Beispiel die besondere Eignung des Holzes für eine schnelle, trockene Bauweise mit den guten Brand- und Schallschutzeigenschaften von Ziegeln verbunden werden, so daß auch im verdichteten Wohnungsbau oder bei extremen Schallschutz- und Brandschutzanforderungen überwiegend mit Holz gebaut werden kann. In Nordamerika werden über 70 % aller Einfamilienhäuser als Mischkonstruktionen mit tragender Holzkonstruktion gebaut. Die große Erfahrung mit dieser Bauweise hat dort zu einer unübertroffenen architektonischen Vielfalt geführt. Diese Architekturqualität sowie das Kombinieren der Materialien mit all ihren bauphysikalischen Anforderungen vermitteln eine nahezu unerschöpfliche Fülle von Anregungen. Auch die, daß zu viel architektonisches Experiment und zu viel Individualität bei den Bauherrenwünschen eher zu einem gestalterisch unbefriedigenden Sammelsurium als zu einem harmonischen Ganzen führt. Hier fällt dem Bauen mit Holz eine besondere, korrigierende Rolle zu, da das Material formal in idealer Weise integrierend wirkt, ohne die Qualität der Architektur einzuschränken.

Bauablauf einer weitgehend vorgefertigten Rippenkonstruktion, die als Tafelelemente in kurzer Zeit montiert werden kann.
(Architekten: Fink + Jocher, München, siehe Projekt Seite 42).

Holzarten und ihre Verwendung am Bau

Die Diskussion um den Erhalt der Regenwälder - über dessen Notwendigkeit man sich wenigstens einig ist, nur das „Wie" ist noch umstritten - hat zu einer Rückbesinnung auf die Verwendung heimischer Holzsorten geführt. Jahrhundertelang hatten sich die regionalen Holzarten im Bauwesen bewährt, das Wissen um die materialgerechte Verarbeitung wurde von Generation zu Generation kontinuierlich verfeinert und weitergereicht. Mit der Einführung anderer Materialien und neuer Bautechniken im Wohnungsbau - besonders in diesem Jahrhundert - war dieses Wissen nicht mehr gefragt, die traditionellen Formen der Holzbearbeitung und -verwendung traten in den Hintergrund.

Der Wiederaufbau nach dem Zweiten Weltkrieg setzte eine Wachstumsindustrie im Bauwesen - vor allem in der Verwendung von Holzwerkstoffen für Fenster und Türen - in Gang, die technisch und konstruktiv auf die große Nachfrage nicht vorbereitet war. Als Folge wurden schlechte Konstruktionen eingesetzt, die falsche Anwendung von Hölzern im Außenbereich und eine mangelhafte Verarbeitung wurden zur Regel. Das Ergebnis waren Bauschäden an nahezu allen Häusern der fünfziger, sechziger und noch siebziger Jahre, in denen Holz für wetterbeanspruchte Bauteile verwendet wurde. Anstatt aber an der Verbesserung der Konstruktionen zu arbeiten und die Schadensursachen zu ermitteln, wurde der sehr viel einfachere Weg des Imports von Tropenhölzern gewählt, die sehr viel länger der Witterungsbeanspruchung standhalten können als die heimischen Laub- und Nadelhölzer. Die Folgen sind bekannt: Um den immensen Bedarf an diesen Holzarten zu decken, mußten große Flächen des Regenwaldes gerodet werden - die Folgen erkennen wir heute in der Klimaveränderung, in der Abnahme des Artenreichtums der Tier- und Pflanzenwelt und in den großen sozialen Problemen in diesen Ländern. Es waren ursächlich gar nicht die Materialeigenschaften, die das europäische Holz in Mißkredit gebracht haben, sondern der nicht materialgerechte Einsatz. Inzwischen hat sich glücklicherweise die Einsicht unter Bauherren und Architekten verbreitet, daß wir alle sehr viel verantwortungsbewußter mit den natürlichen Ressourcen umgehen müssen, vor allem mit dem Holz der Regenwälder. Das bedeutet nicht, weniger Holz zu verbrauchen, ganz im Gegenteil, sondern nur das richtige - und für den ganz speziellen Bedarf auch die wertvollen Rothölzer des Regenwaldes, wenn diese aus Plantagen, also in kontrollierten Mengen geerntet und auch wieder aufgeforstet werden. Leider mangelt es noch immer

Der Reiz der Mischkonstruktion liegt stets in der besonderen Akzentuierung der einzelnen Materialien (Architekten: Kaag und Schwarz, Stuttgart).

an überzeugenden Kontrollsystemen. Für die hiesige Bauindustrie, die Holztragwerke, Holzfassaden und Innenausbau anbietet, kann und muß deshalb auf diese wertvollen Holzarten verzichtet werden. Grundbedingung für die fachgerechte Verwendung der weniger resistenten heimischen Hölzer ist, daß am Anfang eines Entwurfsprozesses für ein Einfamilienhaus aus Holz zuerst die Anforderungen formuliert werden, die der Werkstoff in der Konstruktion und für die Fassaden erfüllen soll. Welches sind die Haupteinflußgrößen, denen Häuser aus Holz ausgesetzt sind? Es sind vor allem klimatische Einflüsse, die sich auf die Haltbarkeit der Konstruktion auswirken. Hier ist als erstes die Wirkung der Sonneneinstrahlung zu nennen, die langfristig für die Oberflächenverwitterung verantwortlich ist. Gleichzeitig macht sie einen besonderen Reiz in der Fassadenwirkung aus, wie die vielen historischen Holzbauten mit ihren fast schwarz-braunen Holzwänden belegen. Aber bei den heutigen ästhetischen Ansprüchen an makellose Fassaden müssen hohe Temperaturen auf der Fassadenoberfläche vermieden werden, um den Effekt der Verwitterung zu mindern. Auf schwarz gestrichenen Holzfassaden wurden Temperaturen von 75 Grad Celsius gemessen, das bedeutet eine Temperaturdifferenz an einem Tag von bis zu 60 Grad. Solche großen Temperaturschwankungen im Tages- und Jahresverlauf ergeben eine besondere Beanspruchung. Materialspannungen und Rißbildung sind die Folge. Eine derartige Materialbeanspruchung läßt sich ganz einfach vermeiden, wenn Holzfassaden möglichst naturbelassen, hell lasiert oder gestrichen werden. Auch wer schwarze Metallfenster ohne Dehnungsausgleich einsetzt, muß mit Verwerfungen und gesprungenen Scheiben rechnen. Die Einflußgrößen Feuchtigkeit und Wind können bei fehlerhaften Holzkonstruktionen zu Dimensionsänderungen, Spannungen und Rißbildungen führen. In der Folge kann es dann zu Feuchtigkeitsschäden und den Befall durch Mikroorganismen kommen. Das gleiche gilt für die Beanspruchung durch Schlagregen und Spritzwasser. All diesen Witterungseinflüssen kann mit fachgerechten Holzkonstruktionen, dem sogenannten konstruktiven Holzschutz, und der Verwendung einer geeigneten Holzart begegnet werden.

Welches sind nun die wichtigsten Eigenschaften zur Beurteilung und Auswahl der richtigen Holzart für die Verwendung als Außenhölzer? Zuerst die Rohdichte. Sie beeinflußt die Tragfähigkeit, die Haltbarkeit und die Bearbeitbarkeit des Holzes. Für den konstruktiven Holzbau werden in der Regel mittelschwere und schwere Holzarten verwandt, hierzu gehören auch die heimischen. Die Porung der Hölzer ist ein wichtiges Merkmal für die Oberflächenbehandlung und das optische Erscheinungsbild an Stützen und vor allem flächigen Fassaden. Da die optische Holzwirkung in unserem Werteverständnis besonders wichtig ist, sollte die Holzauswahl in Bezug auf Porigkeit, Harzaustritt, Maserung, Anstrichverträglichkeit, Farbton und Wartungsaufwand besonders sorgfältig getroffen werden. Auch hier bieten die europäischen Holzarten eine Fülle an gestalterischen Möglichkeiten. Das Stehvermögen eines Holzes beschreibt das Verhalten bei Feuchtewechsel, also das Schwinden und Quellen, verbunden mit Veränderungen der Abmessungen, oft auch als „Arbeiten des Holzes" beschrieben. Bei richtiger konstruktiver Verwendung lassen sich Schäden aus Formänderungen vermeiden. Auch die Pilzresistenz ist ein wichtiges Kriterium für die Verwendung einer Holzart im Außenbereich. Grundsätzlich gilt, daß bei Verwendung nicht pilzresistenter Holzarten oder Holzteile - zum Beispiel dem Splintholz - ein wirksamer chemischer Holzschutz nötig ist. Ausreichender konstruktiver Holzschutz und die Verwendung weitgehend pilzresistenter Hölzer beugt dagegen wirksam späteren Schäden, die durch eindringende Feuchtigkeit entstehen können, vor. Sind die witterungsbedingten Einflüsse an die Holzkonstruktion formuliert - sie können je nach Standort des Gebäudes in ihrer Intensität sehr unterschiedlich sein - und die Art der Trag- und Fassadenkonstruktion gestalterisch definiert, gilt es, die geeignete Holzart für das Bauvorhaben auszuwählen. Als Bauhölzer werden vor allem die europäischen Nadelhölzer Fichte, Kiefer, Tanne und Lärche verwandt. Sie stehen in ausreichender Zahl und zu günstigen Preisen zur Verfügung. Sie lassen sich in unterschiedlichen Qualitäten - je nach Anforderung - in allen Dimensionen und auch als Verbundkonstruktionen oder Leimbinder sehr gut als Bauholz einsetzen. Das gleiche gilt für die Harthölzer Eiche und Buche, die aber wegen ihres relativ hohen Preises in der Regel nur für den weniger materialintensiven Innenausbau verwendet werden.

Es kann nur jedem Bauherrn empfohlen werden, sich vor allem von dem Erscheinungsbild der gewählten Holzart selbst zu überzeugen. Die meisten holzverarbeitenden Betriebe, die sich mit dem konstruktiven Holzbau und dem Innenausbau beschäftigen, stellen Holzproben in unterschiedlichen Bearbeitungsformen und Oberflächengestaltungen zur Verfügung. Gerade die Art der Oberfläche - sägerauh oder gehobelt und geschliffen - entscheidet über die optische Wirkung einer Fassade und ist bestimmend für den Eindruck der farblichen Gestaltung - sägerauhe Brettschalungen zum Beispiel schließen eine vielleicht später gewünschte Lackierung aus.

Die Rückbesinung auf die Verwendung von Holz als in vielerlei Hinsicht besonders geeignetes Baumaterial - konstruktiv, gestalterisch und ökologisch - hat auch zu einer besonderen Sensibilität in bezug auf die holzschützenden Maßnahmen und Verfahren gelenkt, besonders auf die Frage nach dem sogenannten chemischen Holzschutz - wobei durchaus angemerkt werden muß, daß nicht jede chemische Maßnahme in Bezug auf Holz mit Gesundheitsgefährdung gleichzusetzen ist. Hier hat die Diskussion leider den Boden der Tatsachen verlassen. Für Bauherren wird in diesem Zusammenhang wichtig sein, daß der Holzschutz ein zentraler Aspekt der Konstruktion und der Gestaltung ist. Grundprinzip ist, daß sich im Sinne einer dauerhaften Konstruktion architektonische und ästhetische Vorstellungen den Eigenschaften des Materials unterzuordnen haben. Als Beispiel sei die unsinnige Mode schwarz gestrichener Holzfenster in den siebziger Jahren genannt. Wer ein harzhaltiges Weichholz deckend schwarz lackiert, setzt unangemessen gestalterische Prioritäten, materialgerecht ist eine solche Entscheidung nicht (zu hohe Temperaturen, Rißbildung, Eindringen von Feuchtigkeit, Pilzbefall und am Ende die Zerstörung des Holzes).

Als eine wichtige vertrauensbildende Formulierung hat sich in den zurückliegenden Jahren der Begriff des konstruktiven Holzschutzes durchgesetzt. Er beschreibt die Kriterien, die erfüllt werden müssen, damit eine Holzkonstruktion dauerhaft ihre qualitativen Eigenschaften bei vertretbarem Erhaltungsaufwand bewahrt. Hierzu zählen alle konstruktiven Maßnahmen, die dazu beitragen, daß eine dauerhafte Durchfeuchtung von Holzbauteilen strikt vermieden wird und daß durchfeuchtete Holzteile schnell und ungehindert abtrocknen können, damit die Holzfeuchte einen Wert von 20 % nicht übersteigt. Wird diese Grundregel im Umgang mit Holz eingehalten, dann kann auf den „verteufelten" chemischen Holzschutz verzichtet werden. Das gilt auch für die Verwendung von Holz im Innenbereich, zum Beispiel in Bädern, wo es zu keiner ständig hohen Luftfeuchte über 70 % kommen sollte. Aber auch hier können durch einfaches Stoßlüften nach dem Baden oder Duschen der Feuchtigkeitsgehalt schnell gesenkt und damit Gefahren für die Holzkonstruktionen vermieden werden. Schon das Beachten weniger Grundregeln beim Konstruieren heißt Schäden vermeiden: die Feuchtigkeitseinwirkung auf außen liegende Holzteile sollte durch geeignete Maßnahmen wie größere Dachüberstände, Vermeidung von Spritzwasser - mindestens 30 Zentimeter Abstand zwischen Oberkante Erdreich und Unterkante Holzfassade - unbedingt vermieden werden. Niederschlägen ausgesetzte Holzbauteile sind so zu detaillieren, daß das Wasser schnell abgeleitet wird und das Holz ungehindert ebenso rasch wieder austrocknen kann. Das bedeutet auch, daß horizontale Holzoberflächen ganz vermieden oder durch witterungsbeständige Materialien - Zink, Kupfer - abgedeckt werden. Hirnholzteile sind stets gegen

Wassereinwirkung zu schützen (Strohhalmeffekt), und die Ausbildung von Anschlußfugen muß so erfolgen, daß kleine Formänderungen ohne schädliche Folgen für die Dichtigkeit der Konstruktion bleiben. Die Grundkenntnisse materialgerechten Konstruierens mit Holz sind überschaubar. Warum es dennoch zu millionenfachen Fehlern im Umgang mit diesem dem Menschen so vertrauten Werkstoff kommen konnte, ist heute nur noch schwer verständlich.

Winterlicher und sommerlicher Wärmeschutz

Dem Wärmeschutz eines Gebäudes kommt aus vier Gründen eine ganz besondere Bedeutung zu:
1. ein ausreichender Wärmeschutz ist Grundvoraussetzung für die Wohnbehaglichkeit,
2. nur ein konstruktiv richtig angeordneter Wärmeschutz (Vermeidung von Wärmebrücken) ist Garantie dafür, daß keine Bauschäden durch Wärmespannungen und Tauwasserbildung an und innerhalb von Bauteilen auftreten,
3. bestmöglicher Wärmeschutz und angemessenes Nutzerverhalten (Heizgewohnheiten, Lüftungsintervalle) reduzieren die individuellen Heizkosten,
4. sollten alle technischen, ökonomischen und ökologischen Bestrebungen darauf gerichtet sein, den Verbrauch von Primärenergie für die Raumheizung von Gebäuden - noch immer mehr als ein Drittel des Gesamtenergieverbrauchs - zu reduzieren.

Hier kommt dem Holz als Baustoff für die Außenwände und dem Dach bei Einfamilienhäusern eine ganz wesentliche Aufgabe zu, da es eine optimale Kombination von Trag- und Dämmverhalten bietet und schon bei normalen Wandstärken einen Niedrigenergiehaus-Standard aufweist. Diese hochwirksamen Dämmschichten zur Vermeidung von Transmissionswärmeverlusten können äußerst platzsparend angeordnet werden, wodurch die gebaute Kubatur geringer ausfällt als bei vergleichbaren Massivhäusern. Das bedeutet auch eine erhebliche Reduzierung der Baukosten. Ein weiterer Vorteil von Holzwerkstoffen für Wände und Decken ist ihre geringe Wärmeleitfähigkeit: sind nämlich der Wärmeabfluß über die Wände und der Temperaturunterschied zwischen Raumluft und Wandoberfläche besonders gering, dann entfallen die unangenehmen Zugerscheinungen, die sich aus zu großen Temperaturdifferenzen der Raumluft gegenüber kalten massiven Außenwänden oder Glasflächen mit hohem Wärmedurchlaß ergeben.

Die guten physikalischen Eigenschaften der Holzwerkstoffe wirken sich auch positiv auf das Heizverhalten aus: Temperaturabsenkungen während der Nachtzeiten und in einzelnen Räumen auch am Tage bedürfen nur geringer Aufheizzeiten, um wieder ein angenehmes Raumklima und normale Wohntemperaturen zu erzeugen, da nur die Luft und nicht auch ausgekühlte Speicherflächen erwärmt werden müssen. Nicht zu unterschätzen ist die psychologische Wirkung von Holzoberflächen, die ein besonderes Behaglichkeitsgefühl erzeugen können. In solchen Räumen wird die Temperatur häufig ein bis zwei Grad niedriger eingestellt als in vergleichbaren Räumen „kühler" Atmosphäre - jeder Grad Temperaturunterschied reduziert den Wärmeverlust durch Transmission um 5 % und verbraucht entsprechend weniger Energie.

Zum angenehmen Raumklima in Holzhäusern trägt weiterhin die gute Wasserdampf-Absorptionsfähigkeit von offenporigen oder unbehandelten Holzoberflächen in den Innenräumen bei, die schnell ausgleichend auf Schwankungen in der Raumluftfeuchte reagieren. Demgegenüber kann es in Massivbauten bei unzureichender Belüftung an kalten Außenwänden oder bei Wärmebrücken leicht zu Durchfeuchtungen und anschließender Schimmel- und Geruchsbildung kommen. Bei gut gedämmten Holzbauwänden besteht diese Gefahr wegen des geringen Temperaturgefälles nicht.

In der DIN 4108 sind die Mindestwerte für den Wärmeschutz von Wohngebäuden formuliert. Diese Werte lassen sich mit Holzkonstruktionen für Wände, Decken und Dächer leicht erfüllen, reichen aber für eine effektive Energieausnutzung noch nicht aus. Vielmehr sollte der zusätzliche Aufwand an Wärmedämmaßnahmen mindestens den erzielbaren Energieeinsparungen entsprechen. Dann wirkt sich jede Preiserhöhung bei Brennstoffen direkt positiv für den Bauherrn aus und reizt zu einer optimalen Abstimmung von Heiz- und Lüftungszeiten auf die persönlichen Lebensgewohnheiten.

All die angesprochenen Maßnahmen betreffen den winterlichen Wärmeschutz. Daß hier bei Holzbauten keine allzu großen Schwierigkeiten bestehen, ist allgemeiner Kenntnisstand. Anders sieht es beim sommerlichen Wärmeschutz aus. Es besteht noch immer die Furcht bei Bauherren vor dem sogenannten Barackenklima, das viele Menschen aus den Zeiten der Behelfsbauten und aus der Erfahrung in schlecht gedämmten Dachwohnungen kennen. Die heutigen Holzbaukonstruktionen haben diese Schwäche längst überwunden. Sommerliche Klimaverhältnisse sind im Gegensatz zu winterlichen von größeren Temperaturschwankungen gekennzeichnet. Kann die warme Luft aber, die sich am Tage im Hause sammelt, schnell durch entsprechende Lüftung abgeführt werden oder wird ihr Entstehen durch konstruktive Maßnahmen verhindert, lassen sich die gleichen angenehmen Temperaturverhältnisse wie in Massivbauten herstellen. Wichtig ist nur ein ausreichender außenliegender Sonnenschutz, der das Eindringen des kurzwelligen Lichtes und seine Umwandlung in Wärmestrahlung verhindert und ein Wandaufbau mit hinterlüfteter äußerer Schale, der die eindringende Wärme über die Luftschicht abführt und nicht bis in das Gebäudeinnere eindringen läßt. Für den entwerfenden Architekten sind all diese Fragen tägliche Planungspraxis. Sie stellen weder außergewöhnliche Schwierigkeiten dar, noch fehlt es an technischen Regelwerken, bewährten Konstruktionen und Erfahrungen im Umgang mit Holz. Und es fehlt nicht an guten Architekten, die virtuos mit diesem Baustoff konstruieren und gestalten können - es ist an den Bauherren, sich für dieses Material zu entscheiden, das als unbegrenzt nachwachsendes Material alle Anforderungen an eine wirklich ökologisch vertretbare Bauweise erfüllt.

Schallschutz

Für die Wohnbehaglichkeit im Einfamilienhaus müssen ausreichende konstruktive Maßnahmen gegen unerwünschte Schallübertragungen vorgenommen werden. Auch wenn der Gesetzgeber in der DIN 4109, Schallschutz im Hochbau, keine schalltechnischen Mindestnormen für Einfamilienhäuser formuliert - diese werden jedem Bauherren selbst überlassen - ist es doch ratsam, die allgemeinen Empfehlungen für den Schallschutz von Wohnhäusern (Mehrfamilienhäusern und Reihenhäusern) einzuhalten.

Besonders wirksame Schallschutzmaßnahmen werden gewöhnlich mit der Verwendung schwerer Materialien - Beton- oder Mauerwerk - in Verbindung gebracht. Holzhäuser dagegen sind Leichtbaukonstruktionen und damit immer dem Verdacht ausgesetzt, gerade beim Schallschutz qualitativ minderwertig zu sein. Auch dieses Vorurteil muß korrigiert werden: Der Schallschutz bei Holzhäusern ist zufriedenstellend gelöst.

Drei Arten der Schallübertragung gilt es konstruktiv entgegenzuwirken: dem Luftschall innerhalb des Gebäudes und auch von außen, dem Trittschall und dem Körperschall, der durch Geräusche aus der Heizung und den Wasserarmaturen übertragen wird. Dem äußeren Luftschall - Straßenlärm, Eisenbahngeräusche, städtischer Lärmpegel - kann im Holzbau mangels Gewicht am besten mit zweischaligen Konstruktionen im Wand- und Dachbereich begegnet werden. Da dieser konstruktive Aufbau auch aus wärme- und holzschutztechnischen Gründen am besten geeeignet ist, erfüllt der übliche Wandaufbau schon die Schallschutzanforderungen von mindestens 40 dB. Bei höheren Anforderungen - Schallschutzklasse IV - VII mit einem Außenlärmpegel von mehr als 66 dB - ist es zu empfehlen, einen rechnerischen Nachweis über das Schallschutzmaß der Außenwände zu führen. Befinden sich auch unter dem Dach Aufenthaltsräume, dann gelten dieselben Bedingungen. Auch die Dachkonstruktion sollte zusammen mit der Eindeckung ein Schalldämmaß von 35 - 55 dB aufweisen - je nach Außenlärmpegel. Dieser kann bei den zuständigen Baubehörden aus den Lärmschutzkarten entnommen werden. Fenster und Außentüren sind schalltechnisch ebenfalls diesen Forderungen anzupassen. Übliche Holzfenster mit Isolierverglasung gewähren in der Regel einen Schallschutz von mindestens 35 dB, höhere Werte lassen sich mit Spezialschallschutzgläsern erreichen.

Innerhalb des Hauses gilt es, konstruktiv der Ausbreitung von Luft-, Tritt- und Körperschall in Decken und Wänden entgegenzuwirken. Hier stellen die Anforderungen an die Luft- und Trittschalldämmung, die für Geschoßhäuser mit Wohnungen gelten, einen guten Richtwert dar. Danach sollte für den Trittschallschutz ein Maß von mindestens 10 db und für den Luftschallschutz mindestens 55 db bei Decken und Wänden vorgesehen werden. Der Übertragung von Körperschall aus Leitungen des Heiz- und Wassersystems läßt sich sehr einfach durch konstruktive Maßnahmen begegnen. Alle schallübertragenden Leitungen sind stets gedämmt zu verlegen und so zu befestigen, daß sie keine direkte Berührung zu Decken und Wänden aufweisen. Da die Rohdichte von Holz und Holzwerkstoffen ohnehin viel geringer ist als von Massivbauteilen - und damit auch die Schalleitfähigkeit - ist die Übertragung von Körperschall ohnehin kein gravierendes konstruktives Problem.

Für den Bauherren kann es beruhigend sein, daß es für alle bautechnischen Fragen des Schallschutzes im Holzbau erprobte Regelkonstruktionen für Decken, Wände und Dächer mit den zugehörigen Schalldämmaßen gibt. Diese Konstruktionen liefern das funktionale Grundgerüst, über das hinaus dann die Gestaltung der einzelnen Bauteile beginnt - hier sind der Architektur aus Holz bekanntlich keine Grenzen gesetzt.

Brandschutz

Auch wenn sich Bauherren mit dem Problem des Brandschutzes bei der Planung ihres Hauses selbst nicht befassen müssen, so ist es doch beruhigend zu wissen, daß Holzhäuser aus brandschutztechnischer Sicht von den Behörden genauso behandelt werden wie übliche, massive Einfamilienhäuser. Das gilt auch für die Feuerversicherungen, die bei einem Brandschutznachweis in der Regel auch keine höheren Prämien verlangen.

Die Zulässigkeit von Holzbauteilen für Einfamilienhäuser ist in den Landesbauordnungen geregelt, deren Grundlage für den baulichen Brandschutz die DIN 4102 bildet. Danach sind die am Bau verwendeten Materialien aus Holz immer der Baustoffklasse B2, das heißt normal entflammbar, zuzuordnen. Im Einfamilienhaus wird in der Regel ohnehin nur die Feuerwiderstandsklasse F30-B (feuerhemmend) gefordert, die sich konstruktiv ohne jeden chemischen Holzschutz leicht erreichen läßt. Bei Ein- und Zweifamilienhäusern mit zwei oder drei Geschossen werden lediglich bei Gebäudetrennwänden und tragenden Wänden und Stützen im Keller höhere Anforderungen als F30 gefordert - nicht also beim reinen Einfamilienhaus. Außerdem lassen sich höhere Brandschutzanforderungen leicht als Mischkonstruktion mit massiven Wänden und Decken erfüllen. Die relativ geringen Anforderungen haben ihre Berechtigung einmal aufgrund des überhaupt geringen Brandrisikos bei Einfamilienhäusern und der Möglichkeit, im Gefahrenfalle bei Gebäuden geringer Höhe die Rettung von Menschen leicht über angestellte Leitern zu gewährleisten (Höhe bis Oberkante Fußboden des obersten Geschosses mit Aufenthaltsräumen muß geringer als sieben Meter sein).

Im einzelnen gilt für tragende Wände bei Gebäuden bis zu zwei Vollgeschossen, daß sie der Feuerwiderstandsklasse F30 entsprechen müssen. Ein Wandaufbau aus Holzstützen, beidseitiger Beplankung mit 19 Millimeter Spanplatten und einem mineralischen Faserdämmstoff von 7 Zentimetern Stärke erfüllt bereits die F30-Bedingung. Bei Außenwänden werden bei einem Grenzabstand von vier Metern (in einigen Bundesländern fünf Metern) und Gebäudeabständen von acht Metern (zehn Metern) keine Anforderungen hinsichtlich des Brandschutzes gestellt. Bei geringeren Abständen müssen die Außenwände schwer entflammbar sein, bei Reihenhäusern müssen sie auf mindestens einem Meter Breite gemäß der Baustoffklasse A nicht brennbar sein. Reine Gebäudetrennwände müssen in jedem Fall nicht brennbar ausgeführt, das heißt aus Mauerwerk oder Beton hergestellt werden. Treppenhauswände und Decken benötigen in zweigeschossigen Gebäuden nur eine Konstruktion in der Feuerwiderstandsklasse F30. Bei Dächern gilt die bauliche Anforderung, daß die Dachhaut widerstandsfähig gegen Flugfeuer und strahlende Wärme ist. Eine harte Bedachung erfüllt diese Forderung und damit auch die Bedingungen der Feuerversicherungen für den normalen Prämiensatz.

Da höhere Brandschutzforderungen als F30 sowohl konstruktiv als auch in der Materialverwendung höhere Kosten verursachen, wird der Architekt mit der Bauaufsichtsbehörde, der Feuerwehr und dem Bezirksschornsteinfeger abstimmen, welche Brandschutzanforderungen im Einzelfall zu erfüllen sind.

Darüber hinaus sollten Bauherren sich selbst darüber im klaren sein, welche Bedingungen sie an die Widerstandsfähigkeit ihrer Innen- und Außenwände, Decken und des Dachs stellen wollen, da neben den reinen Brandschutzmaßnahmen auch die Aspekte des persönlichen Sicherheitsgefühls gegenüber Feuer und auch Einbruch eine wichtige Rolle spielen werden. Denn was nützt eine im Hinblick auf den Brandschutz minimierte Außenwandkonstruktion, wenn sie schon mit einem leichten Fußtritt eingetreten werden kann. Brandschutz also stellt bei Einfamilienhäusern das geringste konstruktive Problem dar - entgegen allen immer noch bestehenden Vorurteilen.

Die Lebensdauer von Holzhäusern

Zugegeben, der Werkstoff Holz hat zwei materialbedingte Schwächen, die die Lebensdauer von Holzhäusern beeinträchtigen können - aber keinesfalls müssen. Auch andere Baumaterialien sind nicht unbegrenzt haltbar, aber darüber wird weniger gesprochen. Auffällig ist, daß die deutschsprachige Diskussion um die Verwendung von Holz in der Architektur häufig als eine Art Verteidigungsrede geführt wird. In anderen Ländern wie in Nordamerika oder auch in Skandinavien sieht man die Verwendung von Holz unter einem ganz anderen Vorzeichen. Dort stehen die Möglichkeiten der Holzbauweise im Vordergrund, nicht ihre Grenzen. Und millionenfach erstellte Holzbauten, die völlig unbeschadet mehrere Generationen von Bewohnern überstanden haben - übrigens auch in Mitteleuropa - rechtfertigen diese Betrachtungsweise. Der gelieferte Nachweis über die Beständigkeit von Holzbauwerken darf aber nicht zu einer Sorglosigkeit im Umgang mit diesem Material führen.

Es ist relativ einfach, den beiden Schwächen von

Holz, seiner Anfälligkeit gegenüber Feuchtigkeit und Feuer, wirksam vorzubeugen. Ständige Feuchtigkeit ist auch für Massivbauten gefährlich und kann dort ebenso zu schweren, dauerhaften Schäden führen. Allerdings dauert der Verfallsprozeß in der Regel länger. Bei Holzhäusern ist daher bereits bei der Planung darauf zu achten, daß die Regeln des konstruktiven Holzschutzes, das heißt, Vermeidung ständiger Feuchtigkeit in den Holzbauteilen, auf jeden Fall beachtet werden. Während der Bauzeit ist dann Vorsorge zu tragen, daß die einzelnen Holzmaterialien nicht dem Regen ausgesetzt werden, die Dämmung nicht durchfeuchtet und die Konstruktionsteile - Wände, Decken, Dächer - nicht in feuchtem Zustand durch Beplankungen verschlossen werden. Sollte dennoch Feuchtigkeit in das Gebäude eingedrungen sein, muß diese erst einmal abtrocknen können - der Putz eines Massivbaus darf schließlich auch nicht naß weiterbearbeitet werden! Allerdings läßt sich der Gefahr der Durchfeuchtung schon durch die richtige Wahl der Konstruktion vorbeugen. Holzbauten können - in allen drei Konstruktionsprinzipien - weitgehend vorgefertigt und als Rohbau in wenigen Tagen komplett aufgestellt werden. Sind auch die Wandsysteme vorgerichtet, steht kurz danach der gesamte Rohbau, und das Dach kann geschlossen werden. Wo nötig helfen Bauplanen gegen das Eindringen von Wasser. Damit ist die Gefahr einer Duchfeuchtung gebannt.

Während der Gebrauchsdauer eines Holzhauses gelten dann für die Instandhaltung dieselben grundsätzlichen Regeln wie bei Massivbauten. Das bedeutet, daß in der kalten Jahreszeit für eine ausreichende Beheizung und Belüftung gesorgt wird, um Tauwasserschäden zu vermeiden. Selbstverständlich sind auch jährliche Inaugenscheinnahmen der besonders beanspruchten Teile der Fassade und des Daches auf Wasserschäden. Ebenso sind die Regenrinnenabläufe, Türen, Fensteranschlüsse und alle erdnahen Holzteile auf Durchfeuchtungen zu überprüfen. Eventuelle Schäden sollten umgehend beseitigt werden, wobei darauf zu achten ist, daß alle durchfeuchteten Holzbauteile gründlich auf unter 20 % Holzfeuchte austrocknen müssen, da andernfalls unter Umständen mit schädlichem Pilzbefall zu rechnen ist.

Als zweiter Nachteil von Holz und Holzkonstruktionen wird stets die Brennbarkeit des Materials genannt. Aber auch hier sollte die Beurteilung differenziert und fair erfolgen - kein Rückschluß von der guten Brennbarkeit von Holz im Kamin auf eine ebensolche eines ganzen Gebäudes. Vielmehr hat Holz eine eigene, materialimmanente Widerstandsfähigkeit gegenüber Feuer. Während andere Materialien bei Brandeinwirkung relativ schnell ihre Tragfähigkeit verlieren - zum Beispiel Stahl - bildet sich bei Holzträgern eine schützende verkohlende Schicht, der Feuerangriff wird dadurch gestoppt, und die Tragfähigkeit der Konstruktion bleibt gewährleistet, zumindest wird der weitere Abbrand aufgehalten. Zusammenfassend kann gesagt werden, daß die Brennbarkeit von Holz kein Argument gegen die Verwendung des Baustoffes für Wohnhauskonstruktionen darstellt, da heute, wie bereits ausgeführt, geeignete und erprobte Brandschutzmaßnahmen für Konstruktion und Ausbau getroffen werden können.

Zurecht kommt Professor H. Schulze von der Technischen Universität Braunschweig zu dem Resümee seiner Untersuchungen, daß bei richtiger Anwendung der bekannten konstruktiven Regeln, einer werkstoffgerechten Bauweise und Montage und einer üblichen Nutzung und Wartung, eine Lebensdauer von mindestens einhundert Jahren für Holzhäuser zu erwarten ist. Damit übertreffen sie die angenommene Haltbarkeit von heute erstellten Gebäuden aus anderen Materialien - nämlich nur fünfzig Jahre - erstaunlicherweise um 100 Prozent.

Die Beauftragung des Architekten

Vorurteile existieren, um korrigiert zu werden. Es gibt weder den typischen Holzhaus-Bauherrn, noch den typischen Holzhausarchitekten. Wäre dem so, dann würden beide Seiten relativ leicht zueinander finden. Es ist anders. Bauherren sind in der Regel viel weniger festgelegt, sie sind aber sehr gut informiert, haben eine bewußte und kritische Einstellungen zum Thema „Gesundes Bauen“, zu ökologischen Problemen und stellen Fragen nach der Herkunft, Verarbeitung und Wirkung von Baumaterialien. Holz wird bei diesen Betrachtungen eine wichtige Rolle spielen, weil seine Produktion auf natürliche Weise erfolgt. Auf dem Wege vom Rohmaterial zum Baumaterial gibt es keine „undurchsichtigen“ Manipulationen. Das erklärt, warum dieses Material zwangsläufig Vorstellungen vom gesunden Wohnen entstehen läßt. Diese können sich zwar durchaus zur Idee eines Hauses aus Holz formen, jedoch ist dieser Schritt nicht zwingend. Es gibt vielmehr zunehmend Bauherren, die zwar ihr Traumhaus längst im Kopf haben, aber in der Materialwahl offen sind und erst im Gespräch mit dem Architekten und bei den ersten Vorüberlegungen auf die Materialfrage zu sprechen kommen. In jedem Fall aber wollen Bauherren, die für ihr Einfamilienhaus einen Architekten suchen, ein Unikat bauen, ein charakteristisches, unverwechselbares Haus,

Ausdruck der eigenen Lebensführung und des persönlichen Geschmacks - sozusagen ein autobiografisches Zeichen. In der Regel gibt es Vorbilder für dieses Traumhaus, Häuser, die einem besonders gut gefallen haben, Erinnerungen und Vorlieben, eine Fülle von Abbildungen eindrucksvoller Häuser, die sich über die Jahre im Kopf zu einem eigenen Architekturgebilde geformt haben.

Zu einem frühen Zeitpunkt wird die Frage aufkommen, wer diese Träume in gebaute Realität umsetzen soll. Die Antwort zu finden ist nicht leicht. Keine Checkliste und kein Patentrezept werden hier helfen - nur die eigene Initiative und Beharrlichkeit, das eigene Gespür und ein wenig Glück. Natürlich gibt es auch praktische Vorgehensweisen, um die Auswahl einzugrenzen. Aber auch eine Hinweisliste kann nur Leitfaden sein, darüberhinaus muß dann die eigene Bewertung einsetzen, damit der Architekt nicht allein als Erfüllungsgehilfe betrachtet wird - ein guter Architekt würde sich immer gegen eine solche Inbesitznahme sträuben. Damit sind die Anforderungen an den Architekten eigentlich in ihrer Polarität beschrieben. Visionär soll er auf der einen Seite sei der ahnungsreiche, phantasievolle Künstler, der mit großer Kreativität die eigenen Wohnwünsche und Sehnsüchte in Räume, Raumfolgen und Raumbeziehungen umsetzt, kurz, der eine maßgeschneiderte Architektur verwirklicht. Und gleichzeitig soll er der erfahrene Praktiker sein, der präzise und gekonnt einen Bauauftrag erfüllt. Er soll versiert sein im Umgang mit allen konstruktiven und bauphysikalischen Fragen, mit den Bautechniken, mit allen Materialien, er muß genügend Handwerksfirmen kennen, mit ihnen gearbeitet und Erfahrungen gesammelt haben. Er muß die Qualität ihrer Arbeit einschätzen, das Preisgefüge ihrer Angebote beurteilen können und wissen, ob die Firmen auch termintreu arbeiten. Und oft wird die Frage gestellt, ob dieser oder jener Architekt denn auch „in Holz“ bauen kann. Die Antwort ist: die meisten können. Die Frage ist eher, ob sie auch wollen. Erstens verlangt jedes Grundstück eine sehr detaillierte Analyse, welche Materialien überhaupt eingesetzt werden können. Am Ende kann die Antwort Holz sein, muß es aber nicht. Natürlich gibt es auch bei Architekten gewisse Materialvorlieben, und nicht immer gehört Holz dazu. Es wird aber kaum einen Architekten geben, der eine erklärte Abneigung gegen einen Werkstoff hat und dann dennoch mit diesem Material arbeiten würde. Holz ist eine Herausforderung, die fast jeden Architekten reizt. Die Neugier, das Interesse, ein Haus aus Holz bauen zu sollen, wird ein so starker Motor sein, daß sich Bauherren nur freuen können, auf entgegenkommende Begeisterung zu stoßen. Der Holzbau birgt technisch nicht so viele Geheimnisse, daß man einem Architekten, der noch nie ein Holzhaus gebaut hat, allein deshalb diese Aufgabe nicht zutrauen sollte. Hat er bereits Erfahrungen, ist die Beurteilung zwar einfacher, sie muß aber deswegen nicht treffender sein. In dieser Phase der Architektensuche ist vor allem entscheidend, daß sich der Architekt auf die Aufgabe freut, die Herausforderung und ein lange andauerndes Engagement spüren läßt, das tragfähig für eine so persönliche Aufgabe ist.

Das Anforderungsprofil, das der Auftraggeber eines Einfamilienhauses an seinen Architekten stellt, ist hoch. Aber auch der Architekt erhofft sich viel von seinem Bauherrn. Er ist damit in einer vergleichbaren Situation wie der Arzt: ohne die Mithilfe des Patienten wird es kein zufriedenstellendes Ergebnis geben. So gründlich, wie wir inzwischen gewohnt sind, unsere Arztwahl zu betreiben, so sollte der Bauherr deshalb auch bei der Auswahl seines Architekten vorgehen. Die Suche wird der Zusammensetzung eines Mosaiks gleichen. Am Anfang wird bei den meisten Bauherrn die Qualifikation des Architekten als Entwerfer stehen. Sie zu beurteilen ist relativ einfach - ausgeführte Bauten sprechen für sich. Stolze Eigentümer eines gelungenen Hauses werden gern den Namen ihres Architekten weitergeben, wenn sie mit ihm zufrieden waren. Gibt es in der eigenen Umgebung keine überzeugenden Beispiele, können Veröffentlichungen in der Literatur weiterhelfen oder auch Fachzeitschriften. Ebenso können Auskünfte der örtlichen Architektenkammern Anhaltspunkte liefern. Auch der Hausmakler, der sich um das Grundstück bemühen soll, wird einige Architekten aus der Zusammenarbeit kennen, wie auch die größeren Baufirmen der Umgebung, selbst wenn sie nicht unbedingt nur Holzhäuser bauen. Auf diesem Wege werden sich langsam drei oder vier Architekten abzeichnen, die für das eigene Haus in Frage kommen. Erste Gespräche, die noch unverbindlich und kostenlos sind, können dann zeigen, ob einem überhaupt der Umgang mit dem Architekten zusagt. Ein Besuch in seinem Büro gibt schnell einen guten Eindruck über die Arbeitsatmosphäre. Der Interessent sollte sich anhand von Plänen und Modellen einige Referenzobjekte zeigen lassen, die der Architekt ausgeführt hat. Sicher wird es bei dem einen oder anderen Haus auch Schwierigkeiten gegeben haben. Solche Auskünfte sind besonders aufschlußreich. Keine Baustelle läuft glatt und ohne Probleme ab, aber die Art und Weise, wie ein Büro mit solchen Schwierigkeiten fertig wurde, ist Beleg für die Arbeitsweise. Wichtig ist auch, wie das Büro seine Projekte darstellt. Verraten die Zeichnungen eine sinnliche, künstlerische Qualität oder sind die Zeichnungen eher technisch gehalten. Gibt es Arbeitsmodelle, die den Weg von den ersten Ideen zur endgültigen Lösung zeigen? Modelle sind für den Laien zum Verständnis des Entwurfsprozesses besonders anschaulich und hilfreich. Ist der Architekt bereit, frühere Bauherren über ihre Häuser Auskunft geben zu lassen, über die Zusammenarbeit, den Bauablauf, die Wohnerfahrungen und auch über Bauschäden? Gibt es keine vorzeigbaren Bauherren, dann werden vermutlich die Anwälte das Bauvorhaben abgeschlossen haben - auch das ist ein Hinweis. Das Gespräch wird zeigen, wie sich der Architekt die gemeinsame Arbeit mit dem Bauherrn vorstellt, wie er auf dessen Wünsche eingeht und ob er dem Bauherrn zeigt, welche Vorarbeit er selber zu leisten hat, damit der Architekt ein Gerüst von Parametern an die Hand bekommt, auf dem er dann seinen Entwurf aufbauen kann. Ein Architekt ist ja in der Rolle eines „Systemanalytikers", der nur dann eine auftragsgerechte Arbeit leisten kann, wenn der Bauherr auch gewissenhaft sein „Pflichtenheft" erfüllt hat.

Bauen heißt, daß sich beide Seiten, Architekt und Bauherr, aufeinander einlassen. Und je mehr der Bauherr seine Vorstellungen präzisieren kann, desto feinfühliger kann der Entwurf auf die Wünsche antworten. Natürlich spielt die Frage nach dem Honorar eine Rolle und ob der Architekt eventuell „besonders teuer" baut. Auch hierüber ist ein offenes Gespräch nötig. Eine klare Antwort, ob mit dem vorgesehenen Budget die Bauherrenwünsche erfüllt werden können, wird sicher auch über das Arbeitsverhältnis entscheiden. Wenn der Architekt im Zusammenhang mit dem Budget eher auf Qualität denn auf Quantität drängt, dann zurecht.

Die Vielschichtigkeit der Aspekte bei der Suche nach dem „richtigen" Architekten zeigt - und sicher sind noch nicht alle genannt - daß es für diese Suche kein Patentrezept geben kann. Wer das will, ist besser mit einem Fertighaus, oder wie es so schön in Amerika heißt, mit einem „wash and wear house" bedient.

Das Architekturmodell: Arbeitsmittel, Vorstellungshilfe und Ideenlieferant

Die Postmoderne in der Architektur hat viele Kritiker auf den Plan gerufen - zu Recht. Sie hat aber auch Gutes bewirkt: die Rückkehr des Architekturmodells in die Planungsbüros. Heute wird das Bauen von Modellen als Planungshilfe und Arbeitsmittel für den Architekten und Vorstellungshilfe für den Bauherrn wieder akzeptiert. Diese Arbeitsweise knüpft damit an die Tradition der großen Architekturmodelle an, auf die die späte Moderne glaubte verzichten zu können. Es wurde als überflüssig und geschmäcklerisch empfunden und stand dem Abstraktionsverständnis und einer vermeintlichen Klarheit des Entwurfsprozesses entgegen. Das ist seit der Renaissance der neuen Kreativität anders. Architektur ist nicht mehr reines Gedankenprodukt und nicht länger nur gebaute Soziologie, vielmehr ist mit der Postmoderne die Freude in das Bauen zurückgekehrt und auch die Sinnlichkeit - leider auch die Beliebigkeit.

Es gibt einen Konkurrenten für das Modell, die Computergrafik, mit der sich nicht nur jede Perspektive herstellen, jeder Blickpunkt simulieren lassen, sondern auch Farbwirkungen, Tag- und Nachteindrücke sowie die Bewegungsabläufe in einem Gebäude. Zugegeben, die durch Computer unterstützte Entwurfsarbeit läßt sich wie das Röntgen- oder Ultraschallgerät bei einer ärzlichen Untersuchung hervorragend einsetzen, um den Entwurf eines Gebäudes von allen Seiten zu „durchleuchten". Und dennoch bleibt der räumliche Eindruck einer solchen Computerzeichnung unbefriedigend - es fehlt ihr die real räumliche Dimension und es mangelt ihr am haptischen Vergnügen. Das ausgedruckte Abbild bleibt immer eine Zeichnung, es wird nicht zum Raum.

Anders das Modell. Es schafft den Raum, den Körper und ist dem gebauten Zustand von Beginn an schon sehr ähnlich. Für den Architekten ist es in erster Linie Arbeitshilfe. Meist fällt es in seiner Ausführung sehr einfach aus, soll keine Außenwirkung haben - Styropor oder Pappe sind die „Baumaterialien". Am Modell wird der Entwurf überprüft, die Konstruktion entwickelt, Raumzusammenhänge und Höhenentwicklungen dargestellt. Es zeigt auch besser als eine Zeichnung, wie sich der neue Baukörper in die Umgebung einfügt. Es kann auf dem zu beplanenden Grundstück in seiner Wirkung überprüft werden, da es die Proportionen und Größenverhältnisse direkt räumlich ablesbar macht. Korrekturen und Varianten lassen sich am Modell mit ein paar Schnitten schnell und ohne viel Arbeitsaufwand ausführen.

Im Gespräch mit dem Bauherrn wird das Modell zur idealen Übersetzung der Vorstellungen des Architekten. Denn welcher Bauherr kann schon aus der zweidimensionalen Zeichnung wirklich die Raumwirkung ablesen, die er sich für sein Haus wünscht? Das Modell, vor allem wenn es sich in die einzelnen Geschosse zerlegen läßt, schafft dagegen kleine Wirklichkeiten, die nur in einen anderen Maßstab übersetzt werden müssen. Der zukünftige Bewohner kann in seinen Räumen schon einmal spazierengehen, kann Entfernungen im Hause abschätzen, kann bei komplizierteren Grundrissen, zum Beispiel mit Höhenversprüngen, die Raumwirkung viel besser ermessen als aus einer Schnittzeichnung. Mit dem Modell lassen sich auch Materialwirkungen darstellen, der Holzton, Farben, eine Schalungsstruktur oder eine sichtbare Konstruktion können im Maßstab 1:50 oder 1:100 simuliert werden. Wird dieser Maßstab als zu groß und undeutlich empfunden, dann lassen sich auch einzelne wichtige Räume im Maßstab 1:20 darstellen, der dann schon sehr detailliert Aufschluß über das endgültige Ergebnis liefert.

Ein Modell kann man während der Entwurfsphase immer wieder zur Hand nehmen, überprüfen und auf sich wirken lassen. Für den Bauherrn bietet es den unschätzbaren Vorteil, daß es ihn in die Lage versetzt, nahezu gleichberechtigt mit dem Architekten über die Wirkung des Entwurfes sprechen zu können. Das Modell erfordert keinen Wissenshintergrund über die Entwurfsideen, es stellt sich unmittelbar dem Betrachter dar, während die Zeichnung immer die Domäne des Architekten bleiben und sich einem Laien nie ganz erschließen wird.

Arbeitet der Architekt ohnehin während des Entwurfsprozesses mit Modellen, dann wird er sie dem Bauherrn nicht als besondere Leistung in Rechnung stellen. Soll es aber ein vollgültiges Präsentationsmodell sein, das heißt, auch einen Materialeindruck wiedergeben und Details sichtbar machen, dann wird ein professioneller Modellbauer diese Aufgabe übertragen bekommen. Bauherr und Architekt werden in ihren vielen Gesprächen irgendwann entscheiden, ob ein so detailliertes Modell und die Investition von einigen Tausend Mark für die Entscheidungsfindung wirklich nötig sind.

Oft stehen diese kleinen Kunstwerke dann eines Tages irgendwo im Haus unter einer Glasglocke und erinnern an die Entscheidungsprozesse und Erlebnisse während der Bauzeit. Dort, wo ein solches Modell an exponierter Stelle steht, werden Bauherren mit ihrem Haus und ihrem Architekten zufrieden gewesen sein.

Leistungen und Honorar des Architekten

Die erste Assoziation, die sich im Zusammenhang mit der Arbeit des Architekten einstellt, ist die Entwurfstätigkeit - Sinnbild der Kreativität. Die Realität sieht ein wenig anders aus, denn nur etwa zehn Prozent der Alltagsarbeit des Architekten entfallen auf die kreative Entwurfsarbeit, der überwiegende Teil befaßt sich mit den anderen Leistungen, die zur Erstellung eines Gebäudes nötig sind. Diese Leistungen sind in der Honorarordnung für Architekten und Ingenieure, der HOAI, exakt definiert, die zugehörige Gebührentabelle, nach der das Honorar gemäß der Bauklasse (bei durchschnittlicher Ausstattung eines Einfamilienhauses Klasse 3, bei überdurchschnittlicher Ausstattung Klasse 4) und des vereinbarten Honorarsatzes ermittelt wird, gibt Auskunft über die Höhe des Gesamthonorars. Die HOAI ist die gesetzliche Grundlage des Architektenvertrages. Danach dürfen die hier festgelegten Mindestgebührensätze grundsätzlich nicht unterschritten werden.

Wenn Bauherr und Architekt keine besondere Honorarvereinbarung treffen, dann gilt automatisch der Mindestsatz der Gebührenordnung. Allerdings werden sich nur wenige Architekten bei der Planung eines Einfamilienhauses auf den Mindestsatz einlassen, da er in der Regel nicht einmal die Kosten deckt.

Die Planung eines Einfamilienhauses, also eines Unikates - in welchem Werkstoff auch immer - ist sehr zeit- und arbeitsintensiv. Und auch wenn es übertrieben klingt, stehen Arbeitsaufwand und das Honorar meist in einem so unguten Verhältnis zueinander, daß mit dem Bau eines Einfamilienhauses aus Holz am Ende nur wenig übrigbleibt. Im Gegenteil, meist muß ein solches Bauvorhaben für den Architekten als Bereicherung des Erfahrungsschatzes abgebucht werden. Das sollten Bauherren wissen.

Da es aber gerade über das Honorar immer wieder Fehleinschätzungen, Mißverständnisse und Vorurteile gibt - das Bauen sei mit einem Architekten teuer, der Bauausgang ungewiß, die Termine würden nicht gehalten und das Honorar sei zu hoch -, soll hier einmal auszugsweise gezeigt werden, welche Leistungen der Architekt von den ersten Bauherrengesprächen bis zur Übergabe des fertigen Holzhauses eigentlich erbringt - einschließlich aller Kontrollfunktionen, die ein Architektenhaus mindestens so verläßlich machen sollen wie ein Fertighaus.

Raum-, Struktur,- und Fassadenstudien lassen sich für einen Bauherrn am besten am Modell nachvollziehen. Für den Architekten ist es Planungs- und Korrekturhilfe (Architektin: Silvia Gmür, Basel. Siehe Projekt Seite 134).

1. Grundlagenermittlung (3 % des Honorars)
Klären der Aufgabenstellung, Beratung zum gesamten Leistungsbedarf

2. Vorplanung (7 % des Honorars)
Aufstellen eines planungsbezogenen Zielkatalogs, Erarbeiten eines Planungskonzeptes einschließlich Untersuchung der alternativen Lösungsmöglichkeiten mit zeichnerischer Darstellung und Bewertung, Kostenschätzung nach DIN 276

3. Entwurfsplanung (11 % des Honorars)
Durcharbeiten des Planungskonzeptes und stufenweise Erarbeitung einer zeichnerischen Lösung bis zum vollständigen Entwurf, Kostenberechnung nach DIN 276

4. Genehmigungsplanung (6 % des Honorars)
Erarbeiten der Vorlagen für die erforderlichen Genehmigungen oder Zustimmungen einschließlich der Anträge auf Ausnahmen und Befreiungen, Einreichen dieser Unterlagen

5. Ausführungsplanung (25 % des Honorars)
Zeichnerische Darstellung des Objektes mit allen für die Ausführung notwendigen Einzelangaben, Ausführungs-, Detail- und Konstruktionszeichnungen im Maßstab 1:50 bis 1:1

6. Vorbereiten der Vergabe (10 % des Honorars)
Aufstellen von Leistungsbeschreibungen mit Leistungsverzeichnissen nach Leistungsbereichen

7. Mitwirkung bei der Vergabe (4 % des Honorars)
Zusammenstellen der Verdingungsunterlagen für alle Leistungsbereiche, Einholen von Angeboten, Prüfen und Werten der Angebote einschließlich Aufstellen eines Preisspiegels und Verhandlungen mit den Bietern, Kostenanschlag nach DIN 276 aus Einheits- oder Pauschalpreisen der Angebote, Mitwirken bei der Auftragserteilung

8. Objektüberwachung (31 % des Honorars)
Überwachen der Ausführung des Objektes auf Übereinstimmung mit der Baugenehmigung, den Ausführungsplänen und den Leistungsbeschreibungen, Aufstellen und Überwachen eines Zeitplanes, Führen eines Bautagebuches, Abnahme der Bauleistungen unter Feststellung von Mängeln, Rechnungsprüfung, Kostenaufstellung nach DIN 276, Antrag auf behördliche Abnahmen und Teilnahme daran, Übergabe des Objektes einschließlich Zusammenstellung und Übergabe der erforderlichen Unterlagen, zum Beispiel Bedienungsanleitungen, Prüfprotokolle, Auflisten der Gewährleistungsfristen, Überwachen der Beseitigung der bei der Abnahme der Bauleistungen festgestellten Mängel, Kostenkontrolle

9. Objektbetreuung und Dokumentation (3 % des Honorars)
Objektbegehung zur Mängelfeststellung vor Ablauf der Verjährungsfristen der Gewährleistungsansprüche, Mitwirken bei der Freigabe von Sicherheitsleistungen, Zusammenstellung der zeichnerischen Darstellungen und rechnerischen Ergebnisse des Objektes.

Nach erbrachter Leistung hat der Architekt Anspruch auf den prozentualen Anteil seines Honorars, der in der Leistungsphase vorgeschrieben ist. Grundlage für das Honorar sind gemäß der HOAI die anrechenbaren Kosten des Bauwerks, also die Kosten für die Handwerkerleistungen und das Material. Zugrundegelegt werden hierfür die vier Kostenermittlungsarten nach DIN 276. Vor Beginn der eigentlichen Planungsarbeit aufgrund von Flächen- und Kubikmeterberechnungen steht die Kostenschätzung, nach der schon grob die Kosten für das Honorar und die Nebenkosten abgeschätzt werden können. Nach der Planung werden die Kosten dann auf der Basis genauer Flächen- und Kubikmeterangaben sowie bezogen auf den Ausstattungsstandard berechnet. Nach Abgabe der Angebote der ausführenden Firmen und der Submission steht der Kostenanschlag für das Gebäude fest. Kommen jetzt keine wesentlichen Änderungen mehr, dann läßt sich auch das genaue Honorar für den Architekten veranschlagen. Nach der letzten Kostenermittlung am Ende der Bauzeit wird dann noch die Kostenfeststellung fällig. Auf dieser beruht die endgültige Abrechnung des Architektenhonorars.

Architekten müssen häufig dem Verdacht entgegentreten, die Baukosten in die Höhe zu treiben, weil dadurch automatisch auch ihr Honorar steigt. Das kostenbewußte, preiswerte Bauen, das immer einen sehr viel größeren Planungsaufwand bedeutet dagegen wird nicht belohnt, im Gegenteil, es wird durch die Honorarordnung bestraft. Es ist daher empfehlenswert, das Honorar nach dem Budget und der Kostenkalkulation zu vereinbaren. Etwaige Kostensteigerungen, die oft der Auftraggeber mit während der Bauzeit wachsenden Qualitäts- und Ausstattungsansprüchen zu verantworten hat, sollten zum vereinbarten Honorarsatz zusätzlich vergütet werden - für beide Seiten eine faire Lösung.

Als Anhaltspunkt für die Höhe des zu zahlenden Honorars an den Architekten mögen zwei Beispiele dienen: Bei anrechenbaren Baukosten von 500.000 DM in der Bauklasse 3 beträgt der Honorarmittelsatz 55.280 DM, bei 800.000 DM Baukosten beläuft sich das Honorar im Mittelsatz auf 80.300 DM, jeweils zuzüglich geltender Mehrwertsteuer.

Im ersten Fall stehen dem Architekten bei anrechenbaren Baukosten von 500.000 DM und einem vereinbarten Honorar-Mittelsatz etwa 55.000 DM zu. Der durchschnittliche Stundensatz - inklusive aller Gemeinkosten, aber ohne Gewinn, liegt im Architekturbüro zur Zeit bei 110,— DM. Dividiert man Honorar durch Stundensatz ergibt sich die Anzahl der bezahlten Arbeitsstunden: 550 - für die gesamte Planung, Ausführung und Überwachung des Projektes. Bei einem kalkulierten Gewinn von 10 % verbleiben 500 Stunden oder 12 Wochen Arbeitszeit. Vor Baubeginn klingen diese Zahlen für jeden Architekten vielversprechend, jedem Bauherrn erscheinen sie sehr hoch. Bei einer korrekten Stundenverfolgung auf beiden Seiten wird der Bauherr im nachhinein in den meisten Fällen anerkennen müssen, daß die kalkulierte Stundenzahl überschritten wurde. Der Architekt wird es auf seinem Konto lesen können. Hoffentlich ist wenigstens am Ende ein beispielhaftes Gebäude entstanden. Und hoffentlich sind beide Seite auch mit dem Ergebnis zufrieden.

Der Architektenvertrag

Bei einem Investitionsvolumen von einigen Hunderttausend Mark, die der Architekt treuhänderisch für den Bauherrn verwaltet, ist es in jedem Falle zu empfehlen, daß Bauherr und Architekt vor Beginn ihrer Zusammenarbeit eine schriftliche vertragliche Vereinbarung treffen, die die Aufgaben, Rechte und Pflichten der beiden Vertragsparteien regelt. Ein solcher Vertrag kann entweder frei auf der Basis der gesetzlich verankerten Honorarsätze der HOAI gestaltet werden, oder aber es wird der Einheits-Architektenvertrag zugrundegelegt, der als bewährter Normvertrag von der Bundesarchitektenkammer herausgegeben wird. Er definiert die Beziehung zwischen Bauherrn und Architekt und beschreibt das zu erstellende Einfamilienhaus in Art, Umfang und Kostenrahmen. Hier sind die einzelnen Leistungsphasen beschrieben, die der Architekt von der Planung bis zur Baukostenabrechnung und Dokumentation zu erbringen und die der Auftraggeber im Gegenzuge zu vergüten hat. Der Vertrag regelt auch die Art der Vergütung der Nebenkosten des Architekten wie das Pausen der Planunterlagen, Fotokopien, Porto und Fernmeldegebühren, die Fahrt- und Übernachtungskosten. Entweder werden sie pauschal - üblich sind etwa 7 % des Architektenhonorars - oder aber per Nachweis vergütet. Zur Sicherung etwaiger Ersatzansprüche des Bauherrn aus dem Architektenvertrag ist vom Architekten eine Haftpflichtversicherung für Personen- und sonstige Schäden nachzuweisen. Schließlich werden noch die Gewährleistungsfristen sowie die Haftungsdauer des Architekten vereinbart, die nach BGB (Bürgerliches Gesetzbuch) fünf Jahre beträgt. Gemäß der Verdingungsordnung für Bauleistungen (VOB) erstreckt sich die Haftungsdauer der ausführenden Firmen nur über zwei Jahre. Sich daraus ergebende Haftungsdifferenzen können dadurch geregelt werden, daß die Haftungszeiten der Vertragsparteien identisch jeweils auf zwei oder fünf Jahre vereinbart werden. Darüber hinaus können noch zusätzliche Vereinbarungen wie der terminliche Ablauf der einzelnen Planungsschritte und des Bauablaufs, der Fertigstellungstermin und gegebenenfalls auch Konventionalstrafen für Nichteinhaltung der Termine bei den Handwerksleistungen vereinbart werden. Mit der Unterschrift der beiden Vertragspartner wird der Vertrag wirksam.

Die Arbeit des Architekten ist vertragsgemäß bei Beginn der Leistungsphase eins honorarpflichtig. Abgerechnet wird entweder jede einzelne erbrachte Leistungsphase oder es wird nach Abschluß der wesentlichen Planungsschritte, wie zum Beispiel dem Vorentwurf oder auch nach einem vereinbarten Zahlungsplan, die erbrachte Leistung in Rechnung gestellt.

Die Bedeutung des Architektenvertrages sei an zwei Beispielen erläutert. Der Bauherr kann seinen Architekten zur Rechenschaft ziehen und Schadenersatz fordern, wenn sich dieser nicht an die getroffenen Vereinbarungen gehalten oder Planunterlagen abgeliefert hat, die nicht die geringste Chance auf Genehmigungsfähigkeit haben. Der Vertrag schützt aber auch den Architekten vor einer willkürlichen Kündigung durch seinen Bauherrn. Will der Bauherr trotz vereinbarter Gesamtarchitektenleistung vom Vertrag zurücktreten, so hat er die vom Architekten schon erbrachte Leistung voll, die noch ausstehenden Leistungen zu 60 % zu bezahlen - unter Umständen viele Zehntausend Mark.

Sollten irgendwelche Zweifel bestehen, ob die Zusammenarbeit über den gesamten Bauablauf auch wirklich gedeihlich verlaufen wird, so können die einzelnen Leistungsphasen des Architekten auch in sinnvollen Teilschritten beauftragt werden, zum Beispiel der Vorentwurf einschließlich der Baugenehmigung mit zusammen 27 % des Gesamthonorars, das Erstellen der Ausführungsplanung und der Leistungsverzeichnisse sowie die Kostenermitlung und die Auftragsvergabe mit 39 % und schließlich die Bauleitung einschließlich der Mängelbeseitigung, Abrechnung und Dokumentation mit 34 %.

Eine solche Aufteilung der Leistung ist dann geboten, wenn der eine Architekt nur mit der Planung beauftragt und die Bauleitung von einem Ingenieurbüro oder einem anderen Architekten betreut wird.

Die Statik: Mehr als reine Tragwerksplanung

Unter Architekten kursiert der schöne Satz: Statik ist Verhandlungssache! Er verweist auf die beiden Arbeitsfelder des Statikers - oder korrekter: des Tragwerkplaners. Auf der einen Seite zeichnet er für die Standsicherheit eines Gebäudes verantwortlich - eine akribisch nüchterne Tätigkeit -, auf der anderen soll er eine möglichst intelligente, eine kreative und kostengünstige konstruktive Lösung für das Gebäude konzipieren. Hier beginnt der Verhandlungsspielraum. Gerade Holzkonstruktionen verlangen für die Durchbildung der Konstruktion eine besondere Kreativität, Findigkeit und Kenntnis im Umgang mit dem Material. Zu stark dimensionierte und damit plump wirkende Holztragwerke sind immer ein Zeichen dafür, daß der Statiker auf Nummer sicher gehen will - oder daß er sich wenig Mühe gegeben hat. Es ist daher wichtig, daß Architekt und Statiker eine formal gleiche Sprache sprechen, daß der Tragwerksplaner die Entwurfsidee konstruktiv unterstützt, vielleicht sogar erst möglich macht. Im besten Falle werden Architekt und Ingenieur gemeinsam um die beste Form ringen. Sie müssen die Arbeit des jeweils anderen akzeptieren. Hier hat der Ingenieur eine dienende Funktion. Umgekehrt muß der Architekt in seinem Entwurf kongenial die konstruktiven Prinzipien sichtbar machen und auf sie eingehen. Dabei kann es zu Differenzen kommen, wenn beide Seiten unterschiedliche Auffassungen von der Arbeit mit dem Material Holz haben. In einem solchen Fall „knirscht" es dann im Entwurf, und eine Zusammenarbeit würde wenig Sinn machen. Auch dafür sollte der Bauherr sensibel sein. Im besten Falle ergänzen sich beide Disziplinen und ergeben die Grundlage einer besonders schlüssigen Lösung. Dann entsteht vielleicht ein filigranes Tragwerk, oder unterspannte Konstruktionen verweisen auf eine gewisse Experimentierfreudigkeit von Architekt und Konstrukteur. Mischkonstruktionenen können besonders gut das Spiel mit den Kräften mobilisieren und zu eindrucksvollen Ergebnissen führen. Die Beispiele zeigen, wie groß das Spektrum der Entfaltungsmöglichkeiten des Statikers sein kann, wenn ihm ausreichend Spielraum gegeben und seine Kreativität gefordert wird. Von den gestalterisch-konstruktiven Höhenflügen abgesehen, bedeutet eine minimierte Konstruktion auch wesentlich weniger Holzverbrauch und damit geringere Kosten.

Normalerweise haben die Bauherren an diesen Diskussionen keinen großen Anteil, da der Tragwerksplaner meist im Hintergrund wirkt. Ihn und seine Arbeit kennenzulernen, kann aber eine große Bereicherung sein und das Verhältnis zum eigenen Haus - vor allem, wenn es eine ungewöhnliche Konstruktion erhält - nur positiv verstärken.

Die Arbeit des Tragwerkplaners ist in sechs Leistungsphasen unterteilt. Phase eins und zwei beschreiben die Vorplanung, das heißt das Erarbeiten des statisch konstruktiven Konzepts (13 % des Honorars), Phase drei beinhaltet die Tragwerkslösung mit überschlägiger statischer Berechnung (12 %), Phase vier die Genehmigungsplanung, das heißt die statische Berechnung mit Positionsplänen (30 %), Phase fünf die Ausführungsplanung mit den Tragwerksausführungszeichnungen (42 %), und die Phase sechs beinhaltet die Vorbereitung zur Auftragsvergabe mit Beiträgen zur Mengenermittlung und zum Leistungsverzeichnis (3 %).

Bei Einfamilienhäusern wird die Ausführungsplanung (Phase fünf) immer in der Hand des Architekten liegen, so daß das Honorar des Statikers nur die Leistungsphasen eins bis vier umfaßt. Die Honorarsumme wird anteilig nach den Rohbaukosten, das heißt den Kosten des Tragwerks (Rohbau) berechnet. Von dieser Summe erhält der Statiker gemäß gesetzlich festgelegter Honorarsätze nach der HOAI etwa 5 % der anrechenbaren Baukosten für das Tragwerk als Honorar für seine Arbeit. In Zahlen ausgedrückt: entfallen bei einer Gesamtbausumme von 500.000 DM etwa 40 % auf den Rohbau, also 200.000 DM, erhält der Tragwerksplaner davon etwa 5 %, das entspricht 10.000 DM zuzüglich der gesetzlichen Mehrwertsteuer. Bei diesem 5 %-Ansatz ist die Ausführungsplanung nicht eingeschlossen, denn sie liegt beim Architekten.

Je ablesbarer und überzeugender die Arbeit des Tragwerksplaners ausfällt, desto verständnisvoller werden die Bauherrn auch die Honorarrechnung begleichen. Denn ein Gebäude ist erst dann wirklich gut, wenn sich sein tragkonstruktives Konzept schlüssig mitteilt - auch wenn es hinter einer Schalung verschwindet.

Die überzeugendsten formalen Lösungen entstehen, wenn Architekt und Tragwerksplaner bewußt zusammenarbeiten (Architekten: Schulitz + Partner, Braunschweig).

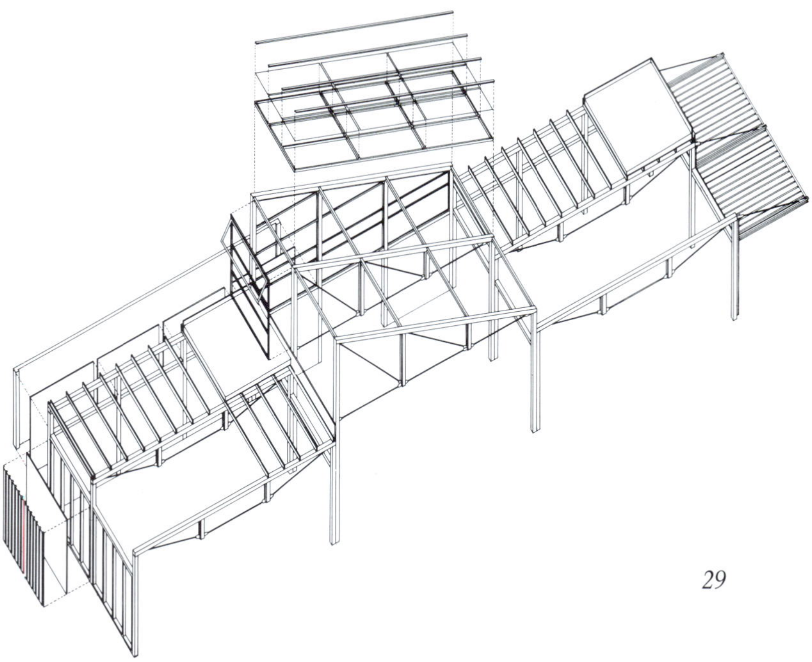

Der Gartenarchitekt: Luxus oder sinnvolle Ergänzung zur Bauplanung?

Daß gute Einfamilienhäuser nur mit der Hilfe eines versierten Architekten entstehen, darüber besteht bei Bauherren Konsens. Auch beim Statiker, dessen Aufgaben gesetzlich verankert sind, wird die Notwendigkeit seiner Arbeit nicht in Frage gestellt. Gar nicht so selbstverständlich aber ist es für Bauherren - und leider ebenso für manche Architekten - auch für die Gestaltung des Außenraumes des Hauses, den umgebenden Garten, einen Gartenarchitekten mit der Planung zu betrauen. Seine Arbeit erst macht aus dem architektonischen Solitär ein ganzheitliches Ensemble, versöhnt Gebautes mit der Natur - unabhängig von der Größe des zur Verfügung stehenden Grundstückes und davon, ob es sich um ein kleines Reihenhaus oder ein stattliches Anwesen handelt.

Natürlich kann (fast) jeder Hauseigentümer seinen Garten selbst pflegen, hier und dort ein paar Pflanzen setzen und ein Stück Rasen anlegen. Er wird aber nur ganz selten die Kenntnisse und Erfahrungen haben, mit der ein Gartenarchitekt ein Grundstück im Hinblick auf seine ökologischen, ökonomischen und topografischen Gegebenheiten hin untersucht, um daraus dann sein gestalterisches und funktionales Konzept zu entwickeln. Es wird ihm an vielen technischen Kenntnissen über die Bodenbeschaffenheit fehlen, welche Baumaterialien er im Freien einsetzen kann und welche ästhetische Wirkung das Gesamtkonzept aus Architektur und Bepflanzung eines Tages haben wird. Denn gerade das sehr sorgfältig aufeinander abgestimmte Pflanzkonzept - als Teil der gesamten gärtnerischen Anlage - entscheidet über die Wirkung des Gartens, seine etwaige Blütenpracht und vor allem seinen späteren Unterhaltungsaufwand. Auch die Kosten einer Gartenanlage werden sich für den Laien nur schwer abschätzen lassen. Diese fehlende Erfahrung wird er mit viel eigener Arbeit und Geld bezahlen müssen.

Mit welchen Kosten ist nun aber für die Planung des Gartenarchitekten zu rechnen? Zwar lohnt es sich fast immer einen Gartenplaner zu beschäftigen, überzeugen wird aber nur eine vernünftige Kosten-Nutzen Betrachtung, die jeder Bauherr anstellen sollte.

Genau wie beim Architekten und Statiker sind Leistung und Honoraranspruch des Gartenarchitekten in der HOAI, der Honorarordnung für Architekten und Ingenieure, geregelt. Ab 40.000 DM anrechenbarer Kosten für den Garten wird das Honorar nach der Gebührenordnung, Honorarzone V, abgerechnet. Bei Bausummen, die darunter liegen, sollten Auftraggeber und Auftragnehmer einen Vertrag über den Leistungsumfang und das Beratungshonorar vereinbaren. Bei einer solchen Beratung, die nach Stundenaufwand abgerechnet wird, kann ein Stundensatz zwischen 70 und 155 DM zuzüglich Mehrwertsteuer vereinbart werden. Auf diese kostengünstige Weise können unter Umständen nur ein gartenarchitektonisches Konzept und ein Pflanzplan erstellt werden, die dann über die Jahre in Eigenleistung verwirklicht werden können. So werden auch Bauherren, die beim Bau ihres Hauses an die Grenzen ihres Budgets gestoßen sind und ihren Garten nicht sofort anlegen können, in die Lage versetzt, langfristig ihren Traum vom eigenen Gartenparadies zu verwirklichen, und gleichzeitig werden sie vor kostspieligen Fehlinvestitionen und gärtnerischen Fehlern bewahrt.

Um vorab schon einmal die Kosten für die Gartengestaltung abzuschätzen, können Bauherren sowohl bei einer Gartenneuanlage als auch bei einer Gartenüberarbeitung von etwa 120 DM Kosten pro Quadratmeter Grundstücksfläche ausgehen. Einen zweiten Annäherungswert bieten die Baukosten des Gebäudes selbst. Von dieser Summe sollte man etwa 10 - 15 % für die Anlage eines Gartens ansetzen - unabhängig davon, ob er in Eigenleistung oder unter Anleitung eines Gartenarchitekten entsteht. Auch die Eigenleistung stellt ja ein Kostenäquivalent dar, das sich beim Verkauf eines Hauses kapitalisieren läßt.

Der Gartenarchitekt wird als Treuhänder seines Bauherrn dafür Sorge tragen, daß der Preis für die Leistung der ausführenden Firmen, für Baumaterial und Pflanzen angemessen sind, er wird in Zweifelsfällen eine Ausschreibung machen und Angebote von unterschiedlichen Firmen einholen und den Bauherren bei der Vergabe behilflich sein. Da er selbst als Gartenarchitekt nicht gleichzeitig Unternehmer für Pflanzen und Baumaterial sein darf, berät er frei von eigenen wirtschaftlichen Interessen. Welcher Bauherr kann selbst all diese Leistungen erbringen?

Für die Suche nach einem Gartenarchitekten gelten die gleichen Regeln wie für die Auswahl eines Architekten. Auch hier gibt es kein Patentrezept, reicht nicht der Blick in das Branchenbuch. Vielmehr fordert auch die Wahl des Gartenarchitekten das Engagement des Bauherrn, wobei er natürlich erst einmal auf die Empfehlungen seines Architekten zurückgreifen kann. Vielleicht bilden beide seit Jahren ein überzeugendes Team, und es erübrigt sich die Suche nach Alternativen.

Die Bauversicherungen bei Holzbauten

Mit zwei unterschiedlichen Versicherungsarten wird sich jeder zukünftige Hauseigentümer beschäftigen müssen: den Bauversicherungen, die eine Risikobegrenzung während der Bauzeit bedeuten, und der Gebäudeversicherung gegen Feuer, Sturm und Leitungswasser während der Gebrauchsdauer des Hauses. Bei den Bauversicherungen gelten für Einfamilienhäuser aus Holz dieselben Bedingungen wie für massive Häuser, bei der Gebäudeversicherung veranschlagen die Versicherungen prinzipiell höhere Prämien, die aber durchaus einen Verhandlungsspielraum zulassen, wenn bestimmte Schutzanforderungen nachgewiesen werden.

Vor Beginn der Baumaßnahmen sollten grundsätzlich zwei Versicherungen vereinbart werden, die Bauwesenversicherung und die Bauhaftpflichtversicherung. Erstere schließt der Architekt im Namen des Bauherrn ab. Sie deckt Schäden, die weder der Architekt, noch die am Bau beteiligten Firmen direkt zu verantworten haben - zum Beispiel Diebstahl von Material oder mutwillige Zerstörungen durch Dritte, Schäden durch Sturm, Hagel und Frost sowie die Folgen von Konstruktions- und Materialfehlern. Da durch diese Versicherung auch der Architekt und die ausführenden Firmen mitversichert sind, wird die Prämie anteilig nach Auftragssummen auf die Handwerksunternehmen umgelegt. Der Beitragssatz beträgt bei einer Bausumme bis zu einer Million Mark in der Regel 1,55 Promill. Die Versicherungsprämie gilt für die gesamte Bauzeit und wird vorab nach der kalkulierten Bausumme berechnet. Bei Bauvorhaben, die nicht automatisch unter das Monopol einer Feuerzwangsversicherung fallen - das wird in den einzelnen Bundesländern unterschiedlich gehandhabt - ist zusätzlich der Abschluß einer separaten Feuerrohbauversicherung zu empfehlen.

Der Abschluß einer Bauherrenhaftpflichtversicherung empfiehlt sich, da der Bauherr grundsätzlich für das gesamte Bauvorhaben und mit diesem im Zusammenhang entstehende Schäden verantwortlich ist. Der Beitragssatz von etwa 15 Prozent der Bauwesenversicherung ist gering und bewahrt vor nicht kalkulierbaren Risiken. Eventuelle Sonderrisiken, wie zum Beispiel eine extreme Hanglage, bedürfen der Absprache mit dem Versicherer. Der bauausführende Architekt weiß, welche Risiken einer Zusatzversicherung bedürfen und wird diese mit dem Versicherungsunternehmen vereinbaren. Die Deckungssummen der Versicherung betragen bei Personenschäden üblicherweise zwei Millionen und für Sachschäden fünfhunderttausend Mark.

Bei der Gebäudeversicherung, die vom Zeitpunkt der Fertigstellung des Gebäudes die Risiken aus Feuer, Sturm und Leitungswasser abdeckt, wird grundsätzlich bei Massivhäusern ein Beitragssatz von 0,8 Promill der Bausumme erhoben, bei Häusern aus Holz 2,35 Promill (1,75 Promill für Feuer, 0,6 Promill für Sturm- und Leitungswasserschäden). Grund ist, daß hier in der Regel von Holzleichtbauten, einfach konstruierten Ferienhäusern und besonders gefährdeten Gebäuden, zum Beispiel mit Pappdächern, ausgegangen wird. Hier sollten die Hauseigentümer mit den Versicherern sprechen und anhand der Baupläne und der Materialverwendung nachweisen, daß alle notwendigen brandschutztechnischen Maßnahmen gegen Feuerüberschlag von Nachbarhäusern und auch gegen die Ausbreitung von Feuer im Inneren getroffen wurden. In diesem Falle werden die Versicherer zu den gleichen Prämien abschließen wie bei Massivhäusern.

Holzskelett-Bauweise

Architekten: Werkgemeinschaft Professor Jochen Karrenbrock + Manfred Hammers, Aachen

Wohnhaus in Lochau, Vorarlberg

Ein überzeugendes Low-Budget-Haus

Architekt: Michael Loudon, Wien

Die Ausgangslage: Drei Eckdaten bestimmten die Planung. Das Grundstück mit schönem Blick auf den Bodensee, der unbedingte Wunsch der Bauherrn nach einem Holzhaus und ein sehr knappes Budget. Letzteres sieht man dem Haus nicht an. Auch wenn der Mitteleinsatz sehr sparsam vorgenommen wurde, das Ergebnis ist eine qualitätvoll heitere Architektur.

Das Konzept: Maßordnung für Grundriß und Aufriß ist ein Raster von 60 Zentimetern, das in der gleichmäßigen Sparrenfolge den Raumeindruck im Inneren des Hauses akzentuiert. Dagegen stehen die horizontale Anordnung der waagerechten Schalbretter der Fassade und die korrespondierenden Fenstermaße, die dem Gebäude durch die Betonung der Horizontalen die elegante Breite geben. Dieser Eindruck wird durch den konstruktiv wichtigen Dachüberstand noch angenehm verstärkt.

Die Grundrisse der beiden Ebenen wurden so konzipiert, daß sie im Zusammenhang, aber auch getrennt - dann mit einer Einliegerwohnung im Untergeschoß - genutzt werden können. Das Hauptgeschoß besticht durch seine auffallend differenzierte Organisation. Alle Räume sind miteinander verbunden, um eine Vielfalt von Wegen und Blickbeziehungen sowohl innen als auch nach außen zu ermöglichen. Dabei ist der Grundriß so zoniert, daß es direkte und indirekte Verbindungen zum Außenraum gibt. Zwei Glasveranden schaffen die Übergänge, sind Energiespender und Sonnenräume zugleich. Auch das Bad wurde an den einen gläsernen Raum angebunden, bietet Ein- und Ausblicke und erhält auf diese Weise seinen ganz autonomen Charakter: eine reizvolle Alternative zu der häufig rein funktionalen Auffassung eines Naßraumes.

Ein Korridor erstreckt sich über die ganze Länge der Hausrückseite. An einem Ende liegt die Küche, am anderen ein Arbeitsraum, und der Flur selbst ist, auf Raummaß verbreitert, auch ein Arbeitszimmer, so daß die Doppelfunktion der Fläche eine optimale Grundrißausnutzung bietet. Die Fenster sind in ihren Öffnungsmaßen unterschiedlich angelegt, je nachdem, ob sie festverglast oder als Schiebefenster zu öffnen sind. Dabei liegen die Schiebeelemente vor der Fassade und schaffen so durch alternierende Vor- und Rücksprünge ein zartes Schattenspiel auf den geschlossenen Flächen. Im geöffneten Zustand sind sie von innen nicht sichtbar und verringern so die optische Schwelle nach außen. Auf dem flach geneigten Kupferdach reihen sich acht laternenartige Oberlichter aneinander. Sie schaffen im Inneren reizvolle Licht- und Glanzpunkte, sind aber noch zusätzliche solare Energielieferanten.

Die Konstruktion: Über einem massiven Untergeschoß wurde ein Holzständerwerk aus Fichte aufgestellt, das außen mit einer Lärchenschalung geschlossen wurde. Die Vorzüge dieser schnell montierbaren, preiswerten Holzkonstruktion wurde im Inneren durch Ziegelwände ergänzt, die das notwendige Speichervolumen für das solare Energiekonzept liefern.

Was macht dieses Haus in seiner Erscheinung so ungewöhnlich? Es ist der Umgang mit Körpern und Flächen, mit den gläsernen Kuben der Wintergärten und den Glaswürfeln auf dem Dach, es ist die Plastizität des Baukörpers im Untergeschoß, dann das wohlproportionierte Spiel der Fensterflächen, ihre Teilung und Anordnung, die im Zusammenspiel das Auge immer wieder neue grafische und skulpturale Kompositionen entdecken lassen.

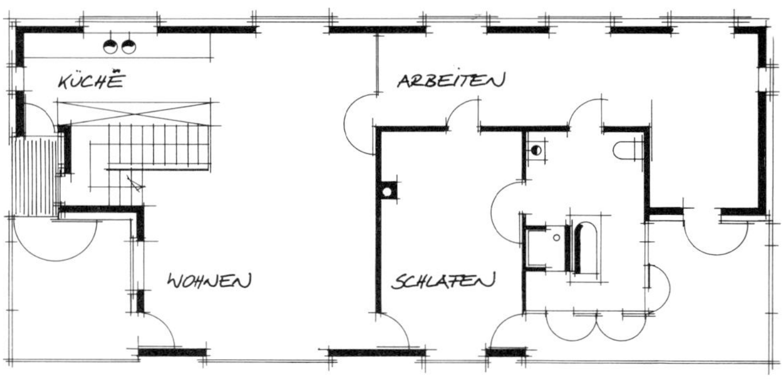

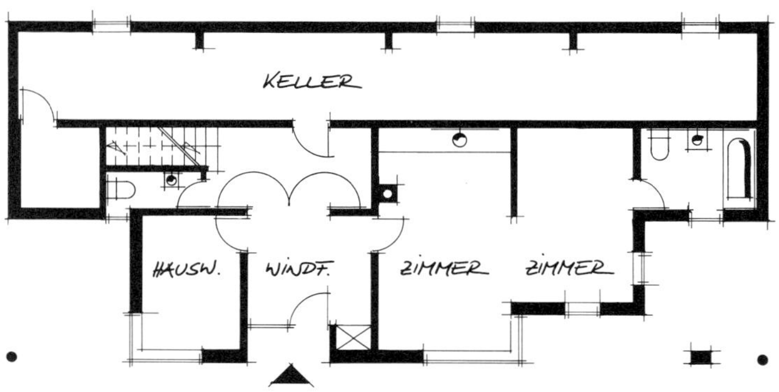

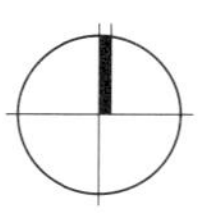

Grundrisse Unter- und Erdgeschoß im Maßstab 1:200.

Oben: Die Nachtaufnahme zeigt eindrucksvoll die ungewöhnlichen Oberlichter, die paarweise als Laternen angeordnet wurden.
Unten: Strenge grafische Strukturen - Geländer, Stützen, Holzträger und Deckenbalken - schaffen zusammen mit den wohlproportionierten Flächen ein spannungsreiches Raumgefüge.

Links: Das filigrane Sprossennetz der großflächigen Wintergartenverglasung betont die Leichtigkeit der Holzkonstruktion.
Oben: Das Bad ist ein eigener Glaskörper im Wintergarten: Hier wird der Wärmeschutz ernst genommen und gleichzeitig der atmosphärische Kontakt zum Außenraum geschaffen.
Unten: Die additiv angeordnete Deckenkonstruktion schafft optisch zusätzliche Raumhöhe. Reizvoll ist der Blick von der Küche über die gesamte Grundrißlänge in das rückwärtige Arbeitszimmer. Die perspektivische Verkürzung der Deckenbalkenabstände unterstreicht den „Unendlichkeitseffekt" der Bildachse.

Einfamilienhaus bei Graz

Die Logik der Andersartigkeit

Architekten: Wolfgang Feyferlik + Hubert Wolfschweger, Graz

Das Grundstück: Wie reagieren Architekten auf einen 20.000 Quadratmeter großen Hügel ohne jeden Baumbestand, der für 15 Einfamilienhäuser parzelliert werden soll? Solche Wunden, die der Natur zugefügt werden - lang andauernde Bebauung, Gartenanlagen, die nur langsam Gestalt annehmen, viele unterschiedliche Haustypen -, heilen erst nach vielen Jahren. Die Konsequenz war daher, ein Haus zu entwickeln, das erst einmal eine Art Beobachterstatus einnimmt, das sich erst einmal nach innen wendet, aber gleichzeitig auch partiell die Vorzüge eines Hauses im Grünen bietet - schließlich ist das doch der Grund, warum Bauherren Einfamilienhäuser bauen. So erklärt sich die Andersartigkeit dieses Hauses - und seine Qualität.

Das Konzept: Es entstand ein Haus, das über der Erdoberfläche schwebt. Mit klaren Grenzen nach außen und einem konstruktiven System - dem Prinzip der Schichtung Innenraum, Außenraum und Ferne - das die Suche nach geschützten Ecken und ausschnitthaften, weiten Blicken zuläßt. Das Erdgeschoß besteht aus zwei Bereichen. Im Norden ein Raum, der viele Funktionen zuläßt, der Gästetrakt, Arbeitszimmer und auch Altenteil sein kann. Im Süden schließen sich Koch-, Eß-, Wohnbereich und die Terrasse an. Zwischen diesen beiden Zonen liegt der Aufgang zu Schlafzimmern, Bädern und Kindergalerie. Der umlaufende Gang ist zusätzlicher Freisitz für die Kinder, dient zum Aufhängen der Wäsche und der Revision von Fassade und Dach.

Der Baukörper mit einer Wohnfläche von 185 Quadratmetern wurde elf Grad aus der Südachse nach Westen gedreht und garantiert so optimale Belichtung und solare Energieausnutzung.

Die Konstruktion: Das Tragsystem ist eine Holzständerkonstruktion, die bewußt auf die ortsübliche zimmermannsgemäße Bearbeitung der Hölzer eingeht, auf verfügbare, handelsübliche Querschnitte und auf die Selbstbauwünsche der Eigentümer Rücksicht nimmt. Alle Holzquerschnitte wurden minimiert, 8/12 und 6/10 Zentimeter sind die verwendeten Maße. Die Fassaden wurden hinterlüftet, die Wärmedämmschicht beträgt zwölf Zentimeter. Als Speichermasse wurden auf den besonnten Wandinnenseiten zusätzlich fünf Zentimeter starke, zementgebundene Spanplatten aufgebracht. Sie ergänzen das Speichervolumen der gemauerten Naßräume, die keine statische Funktion haben, wie zu vermuten wäre. Die Wärmedämmung der Außendecken beträgt 16 Zentimeter. Das Haus setzt konsequent auf geringen Energieverbrauch und solare Energieverwertung. Die Grundlast liefert ein Strahlungsofen im Wohnbereich, der die umliegenden zwölf Quadratmeter erwärmt, ohne den Luftraum durch unnötige konvektive Energie mitzuheizen, die Spitzen deckt die Niedertemperatur-Ölheizung ab.

Das Haus besticht durch seine intelligente architektonische Konzeption - in Grundriß, Baukörpergefüge, Konstruktion, Materialwahl und Technik.

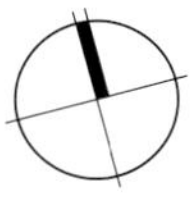

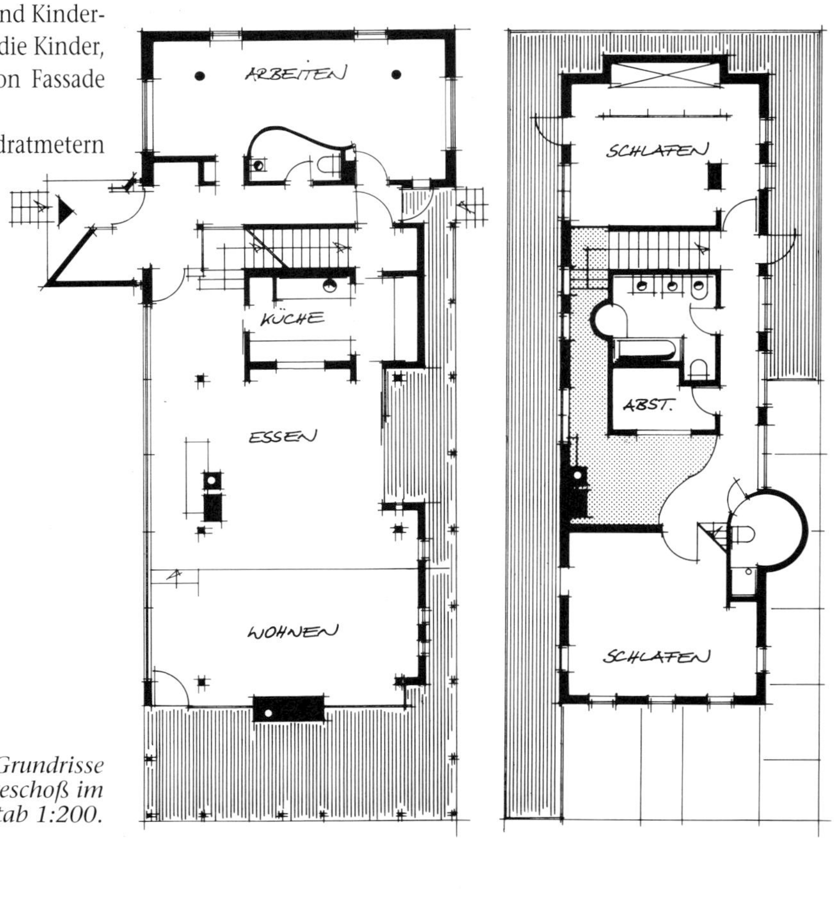

Grundrisse Erd- und Staffelgeschoß im Maßstab 1:200.

Oben: Die Ostfassade mit dem Nebeneingang. Im Obergeschoß zeichnet sich als Halbrundform - farbig betont - das Bad ab.
Unten: Die erste visionäre Skizze enthält bereits die wichtigsten Elemente des ausgeführten Entwurfes.

Der umlaufende Gang an der Ostfassade des Erdgeschosses. Die unterschiedlichen Bearbeitungsformen des Holzes verweisen auf die Aufgaben, die der Werkstoff hier zu leisten hat: Fassade, Fußboden, Stütze, Geländer und - weiß gestrichen - Fensterrahmen.

Oben: Die sichtbaren Holzverbindungen verweisen auf die Tragfunktion und den Kräftefluß. Gleichzeitig dienen sie auch als grafisches Gestaltungsmittel.
Mitte: Blick von unten auf die dreigeschossige Südfassade mit dem Linienspiel der Terrassenüberdachung.
Unten: Der kleine Nebeneingang wird durch die unterschiedliche Auflösung der Fassadenfläche betont.

Kein Widerspruch: Die Verbindung aus Tradition und Experiment

Architekten: Fink + Jocher, München

Die Lage: Das nach Süden fallende Grundstück (678 Quadratmeter), eine Obstwiese, liegt am Dorfrand mit Blick auf die Berge des Bregenzer Waldes.

Das Entwurfskonzept: Der langgestreckte Baukörper erstreckt sich quer zum Hang. Er nimmt mit seiner Form und den verwendeten Materialien die baulich-formale Tradition der Region auf. Die Fassade ist nach Süden geöffnet, Stützen, großer Balkon und überstehendes Dach bilden als transparentes Raumgefüge den Gebäudeabschluß. Ergänzt wird das kleine Ensemble durch einen an der Nordseite angebauten Schuppen und einen halboffenen Bau, der zwei Autostellplätze überdacht und einen geschützten Freisitz schafft. Seine betonierte Westwand übernimmt die Funktion des Wetterschutzes.

Die innere Organisation wurde im wesentlichen auf die beiden großen Wohnräume im Erd- und Obergeschoß ausgerichtet, die von drei Seiten belichtet werden und die schönen Blickbezüge der Grundstückslage nutzen. Hier wird gekocht, gegessen und in unmittelbarem Kontakt mit der Natur gelebt. Über den Luftraum am Eingang ist das Haus in seinem vollen Querschnitt erlebbar, über den Wohn- und Flurbereich in seiner ganzen Länge. Diese Blickbezüge bieten die optische Großzügigkeit bei einer gesamten Wohnfläche von 217 Quadratmetern für die beiden Wohnungen. Das sichtbar durchlaufende Konstruktionsraster und die Einheitlichkeit des Holzdielenbodens verstärken diesen Eindruck noch.

Die Konstruktion: Über einer Teilunterkellerung aus Stahlbeton wurden die Geschosse als Holzrahmenbau ausgeführt. Das Konstruktionsraster mit 28 Feldern von 65 Zentimetern Länge bestimmt den Gebäudeeindruck im Inneren, im Erdgeschoß sind es die Deckenbalken, im Obergeschoß die sichtbaren Sparren. Bei den größeren Spannweiten der Fenster wurden Rundstahlstützen eingebaut, sie trennen die tragende Struktur vom Rhythmus der Fenster.

Es wurden nur wenige Materialien in ihrer natürlichen Textur und Farbe eingesetzt: sägerauhes Holz außen, gehobeltes innen, roher Beton, verzinkter Stahl, naturroter Ziegel als Dachdeckung und Titanzinkblech auf dem Nebengebäude. Auch das eine Rückbesinnung auf die hier übliche, ländliche Bautradition.

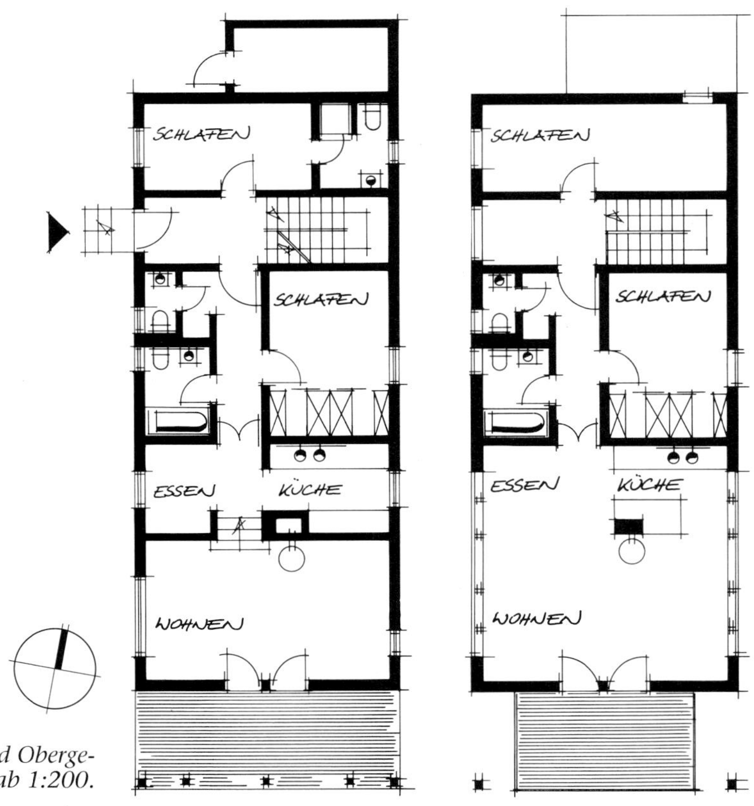

Grundrisse Erd- und Obergeschoß im Maßstab 1:200.

Oben: Den besonderen Reiz dieses auf Einfachheit bedachten Entwurfes machen die akzentuierende Wahl der Proportionen und die werkstoffgerechte Detaillierung aus.
Unten: Freisitz und Haupthaus bilden ein funktional und gestalterisch überzeugendes Ensemble.

Gekonnt improvisiert

Architekten: Ackermann & Raff, Tübingen

Die Lage: Das Grundstück liegt an einem steilen Südhang in zweiter Reihe ohne direkte Baustellenzufahrt. Es ist reizvoll durch seinen schönen alten Baumbestand und den dichten Bewuchs mit wildem Efeu, aber schwer zu bebauen.

Die Bauaufgabe: Es ist ein Wohnprojekt für zwei Familien, die sich die Grundstückskosten teilen und unter einem Dach leben wollten. Dabei sollte bewußt jede Anlehnung an die typische Doppelhausarchitektur vermieden werden. Vielmehr sollte das Haus ein selbstverständliches Gefüge bilden, das sichtbar die Topografie aufnimmt. Es mußte so konstruiert werden, daß spätere Umbauten - zum Beispiel das Zusammenlegen der je nur 137 Quadratmeter großen Wohnungen - problemlos erfolgen können. Aufgrund der schwierigen Baustelleneinrichtung war das Material von Hand zur Baustelle zu tragen, außerdem sollten alle Baustoffe strengen ökologischen Qualitätskriterien genügen. Und über allem stand der Wunsch nach dem selber Bauen, selber Hand anlegen Wollen. Dazu bedurfte es leichter Materialien, die auch einfach zu bearbeiten sind. Es gibt nur einen Baustoff, der solche Anforderungen erfüllt: Holz.

Der Entwurf: Wenn Architekten für sich selber bauen, dann darf der Planungsaufwand meist nur gering sein - andere Planungsaufgaben haben in der Regel Vorrang. Hier aber interessierte darüber hinaus die spontane Kreativität an der Baustelle - große Vorbilder, genannt sei nur Antonio Gaudi, haben auf diese Weise ja Erstaunliches geleistet. Es sollte einmal nicht alles bis ins Detail durchgeplant sein, vielmehr waren spielerische Improvisation, ein nur skizzenhaftes, unfertiges und veränderbares Arbeiten das Anliegen. Die Planung beschränkte sich daher auf das Notwendigste wie Erschließung, Grundrißorganisation und Holzskelett. Die eigentliche Gestaltung sollte sich im Bauprozeß entwickeln nach dem Motto: Gebaut wird das Modell 1:1.

Die Räume: Die unterschiedlichen Nutzungen und Lebensabläufe im Haus finden ihre Entsprechung in der räumlichen Gestaltung, durch verschiedene Deckenhöhen, offene und geschlossene Räume sowie spannungsreiche Belichtungssituationen. Um die relativ kleinen Haushälften größer erscheinen zu lassen, wurden die Raumabschlüsse und Übergänge transparent ausgeführt; großflächige Verglasungen schaffen eine übergangslose Innen-Außenbeziehung. Treppen und Treppenpodeste sind so in das Raumgefüge eingebaut, daß sie als Wege und kleine Plätze für Spannung im inneren Bewegungsablauf des Hauses sorgen.

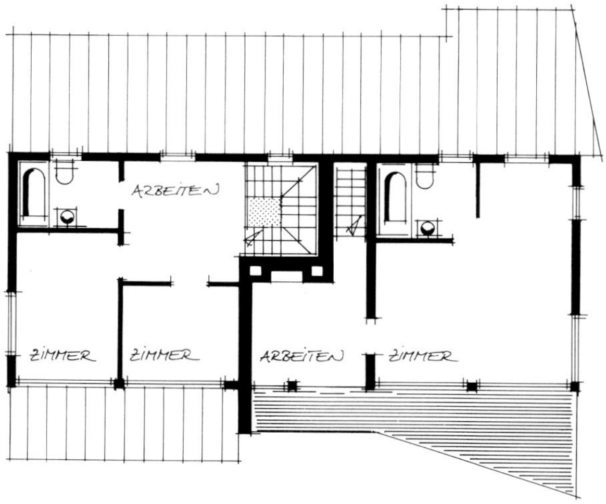

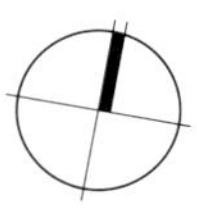

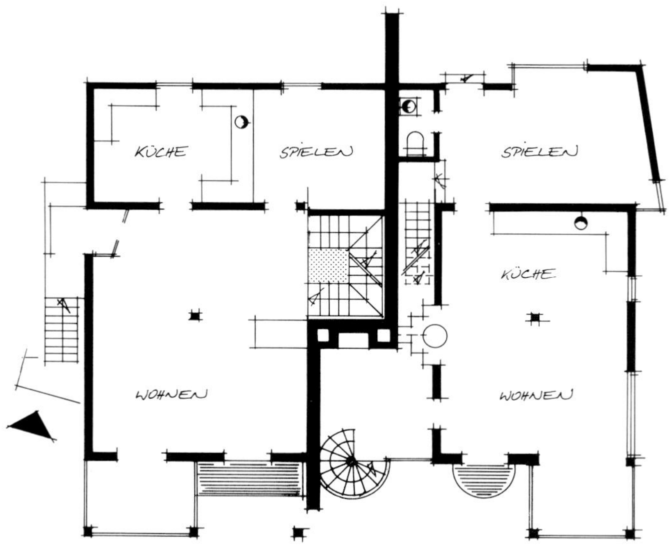

Grundrisse Erd- und Obergeschoß im Maßstab 1:200.

Der Hauptbaukörper verrät die gekonnte Planung, die angefügten Glaskörper und Nebenräume sind Ausdruck der spontanen Kreativität auf der Baustelle.

Die Konstruktion: Das Haus ist ein Holzleichtbau. Die Stützen stehen auf einem Raster von 62,5 Zentimetern. Ausgesteift wird das Skelett durch geschlossene Wandteile aus aufgeschraubten, zementgebundenen Spanplatten. Die Anbauten, die weitgehend im Selbstbau ohne Baupläne entstanden, weichen bewußt vom Rastersystem ab, um den Gegensatz von nötiger Planung und gewollter Spontaneität zu zeigen. Es wurden nur wenige Profilstärken und Abmessungen verwandt, um die Arbeiten zu erleichtern.

Oben: Blick von der Küche auf den Freisitz.
Links: Der kleine Freisitz im Erdgeschoß. Identische Holzquerschnitte für den Bodenbelag und die Holzbank verweisen einerseits auf den gewollt beschränkten Materialeinsatz, andererseits folgen sie dem auf Einheitlichkeit bedachten Gestaltungswillen.

Einfamilienhaus mit Garage und Carport

Das Haus als Raumplastik in der Natur

Architekt: Gerhard Mitterberger, Graz, Lienz

Das Entwurfskonzept: Auch hier bedeutet Bauen natürlich einen Eingriff in die Natur, aber es ist ein schonender und künstlerischer zugleich. Haus und Garage bilden eine plastische Einheit. Sie sind durch einen 15 Meter langen, glasüberdeckten Steg verbunden, der es ermöglicht, von der Garage ins Haus zu gelangen, ohne die Wiese zu berühren. Diese Wegführung ist prägendes Zeichen des Entwurfes: die Natur so wenig wie möglich zu berühren und zu stören. Das Haus selbst steht, durch den Zugang betont, als Solitär in der Wiese, ohne sich die Natur weiter unterzuordnen. Einziger Platz im Freien ist die Dachterrasse, von der aus sich ein herrlicher Blick nach Süden in die Bergwelt öffnet. Das Grundstück um das Haus - 1000 Quadratmeter groß - soll nicht betreten werden, hier erhält die Natur ihren Freiraum zurück.

Der Grundriß: Der Wohnbereich mit Eßplatz und Küche ist nach seinen Funktionen gegliedert und auch so erfahrbar, ist aber ein nicht abgeteilter Großraum, der nach Süden und mit Blick ins Grüne orientiert wurde. Um den zentralen Ofenturm entwickelt sich der Raum in Split-Level-Form vom Eßbereich über die Wohnebene hinauf auf die Dachterrasse. Dieser Wohnteil wurde als Holzständerkonstruktion ausgeführt, die Schlafzimmer dagegen liegen in einer schützenden Betonschale im Hang eingegraben. Die Nebenräume, Bad, WC und Wirtschaftsraum schließen das Gebäude nach Norden ab.

Die Konstruktion: Der Schlaftrakt ist im erdberührenden Bereich aus Beton, der Wohntrakt ist unterkellert und ebenfalls aus Sperrbeton, darüber steht die Holzständerkonstruktion. Die Wände sind hinterlüftet, außen mit horizontaler Nut-Feder-Schalung, innen ist die Nut-Feder-Schalung sichtbar als gehobelte Täfelung ausgeführt.

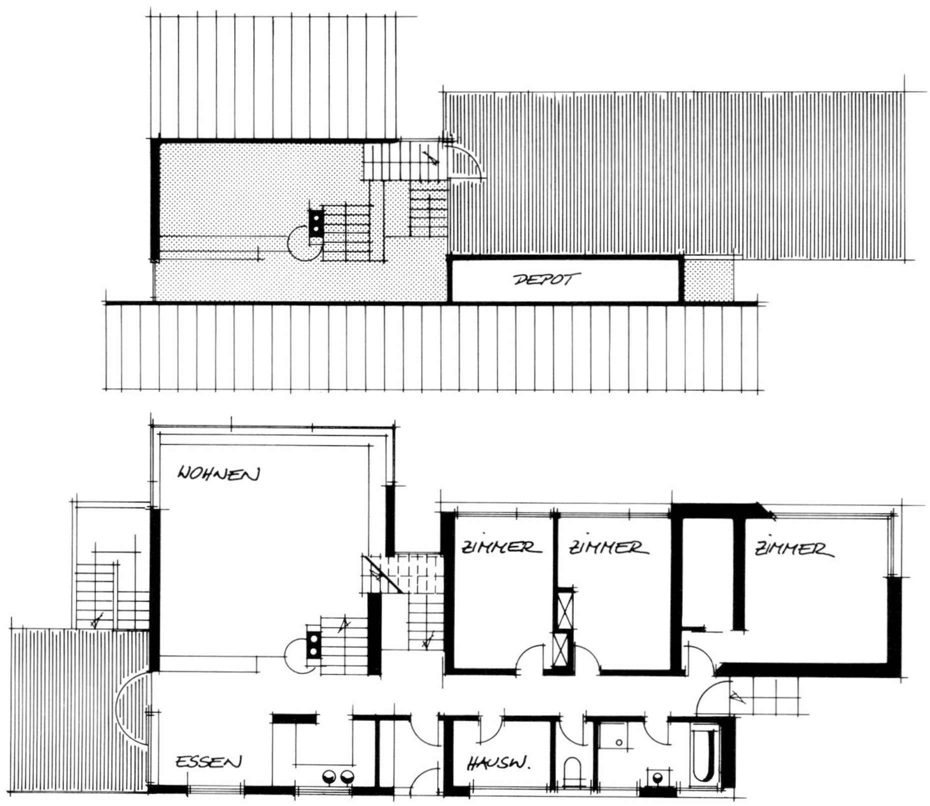

Grundrisse Erd- und Dachgeschoß im Maßstab 1:200.

Oben: Die Westfassade des ungewöhnlichen Baukörpers. Große Glasflächen schaffen den direkten Bezug zur Natur. Gleichzeitig dienen sie als solare Energiequelle und sorgen für eine großzügige Belichtung im hinteren Teil des Grundrisses.
Unten: Die Ideenskizze zeigt das Entwurfsprinzip der gläsernen Brücke, die beide Baukörper verbindet.

Ganz links: Die Westfassade mit der großen, halbgeschossig versetzt angeordneten Sonnenterrasse.
Links oben: Stark kubische Formen und Körper, die zu schweben scheinen, bestimmen den Raumeindruck.
Links unten: Der weiß geputzte Kaminschacht durchdringt die flächig verschalten plastischen Holzkörper.
Rechts oben: Rahmenlos eingesetzte Glasscheiben scheinen die Natur ins Haus holen zu wollen.
Unten: Die großen Glasflächen sorgen für ein interessantes Licht- und Farbspiel auf den homogenen Holzwänden.

Architektur und Landschaft: Ein Bekenntnis

Architekt: Professor Peter Stürzebecher, Hamburg, Berlin

Die Situation: Das Grundstück liegt in einem der markanten Weinorte des Pfälzer Waldes. Es ist ein kleinteiliges Ensemble mit klarer Architektur und schnörkellosen Gassen.

Auf diese lokale Bauweise antwortet der Entwurf des Hauses. Es ist gestalterisch streng, in der Maßstäblichkeit diszipliniert und in der Materialwahl angepaßt und einfach. Die langgestreckte T-Form bildet eine schmale Kontur, die sich dem landschaftlichen Charakter soweit unterordnet, daß kein Baum gefällt werden und in die ursprüngliche Vegetation des Hanggrundstückes nur geringfügig eingegriffen werden mußte.

Das Konzept: Nach dem Prinzip „Haus im Haus" verbindet eine zentrale Treppe, die frei in eine Glashauskonstruktion eingestellt ist, die beiden Wohnebenen - mehr Wintergarten als Treppenhaus (Gesamtwohnfläche 145 Quadratmeter). Auch im vertikalen Schnitt wird das Haus in seiner T-Form wahrnehmbar. Die eingeschnittenen Zugänge zur unteren Ebene, begleitet von einzelnen Stützen, wirken arkadenähnlich. Erst in der oberen Ebene erhält das Haus seine volle Breite, den oberen T-Schenkel.

Mit dem Konzept der räumlichen Anlage in T-Form wurde auch versucht, der Lage des Hauses im Wald zu entsprechen und den Bodenkontakt schonend gering zu halten.

Die Materialien: Der in die Erde eingegrabene Teil des Gebäudes ist massiv (Stahlbeton), seine tragende und schützende Funktion markiert der mit dem ortsüblichen Sandstein verkleidete Sockel. Darüber und teilweise bis zur unteren Ebene hinabreichend, entstand ein filigraner Holzskelettbau mit waagerechter Holzbeplankung. Die transparente, lichtblaue Lasur des Holzes kontrastiert behutsam mit dem Grün-Braun der bewaldeten Umgebung. Das Dach greift die traditionelle Deckung des Ortes auf, Biberschwänze in naturrotem Farbton.

Grundrisse Erd- und Obergeschoß im Maßstab 1:200.

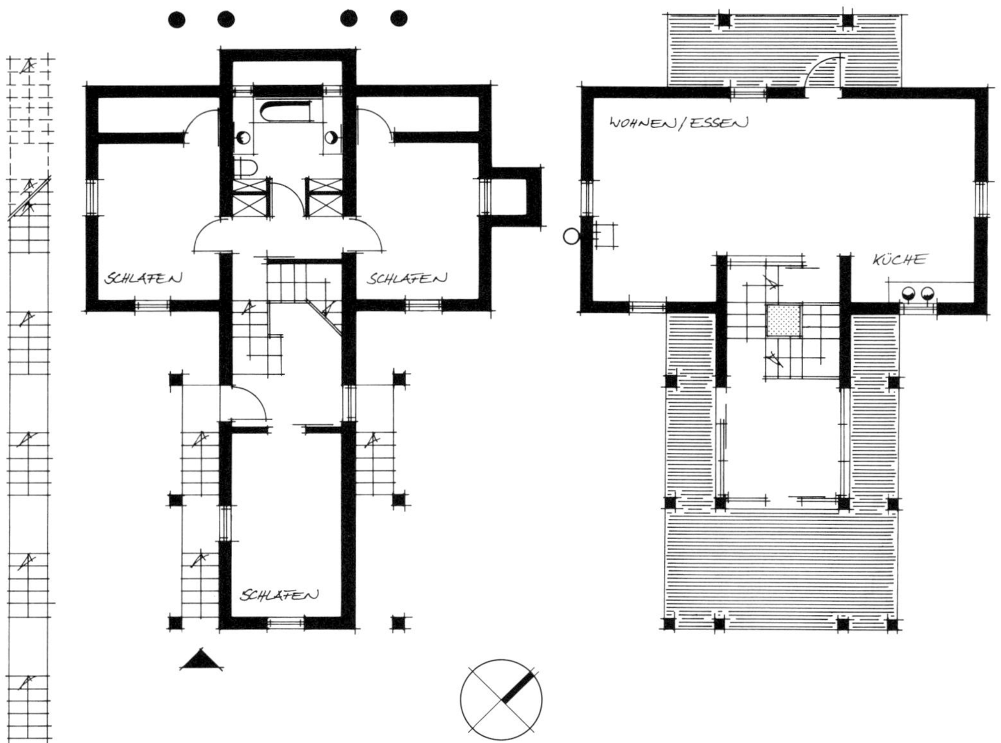

Die Form des Buchstaben T taucht als bestimmendes Entwurfsprinzip an vielen Stellen im Grundriß und in den Fassaden auf.

Links: Das umgedrehte Stahl-T trägt den First. Die beiden wuchtigen Holzstützen rahmen den Blick in die weite Landschaft ein.
Oben: Überall besticht die exakte Detaillierung.
Unten: Der Blick in die offene Küche mit dem auch hier dominanten T-Motiv.

Einfamilienhaus bei Hard am Bodensee

Ein Haus, kein Schiff

Architekt: Robert Felber, Wien

Das Grundstück: Auf einem langen schmalen „Handtuch", insgesamt nur 680 Quadratmeter groß, sollte zwischen vorhandenem Elternhaus und einem alten Nebengebäude ein neues Wohnhaus gebaut werden.

Es ist ein Haus ganz aus Holz. Seinen architektonischen Reiz erfährt es durch ein ungewöhnliches Grundriß- und Aufrißkonzept.

Das Konzept: Grundgedanke ist die Idee des atmenden Raumgefüges, das Einflüsse der Umgebung aufnimmt wie die Lunge die Luft. Diese Luft nimmt einen bestimmten Weg, ehe sie ihr kraftspendendes Ziel erreicht. Hier fungieren als Einflußfaktoren die vorhandenen Baukörper, das extreme Grundstück, die kleine Freifläche, die räumliche Nähe, die Ferne, Sonne, Garten, Bäume und die Himmelsrichtung. Um all das zu erfahren, muß man durch das Haus hindurchgehen, der Sonne entgegen, in den Wintergarten.

Strukturell besteht das Haus aus zwei Komponenten: Einer geknickten Wandscheibe, die mit Platten verkleidet ist - sie symbolisiert die notwendige Festigkeit des Gebäudes, das Aussteifungselement - und dem wie eine alte Holzverbindung durchgesteckten langen Grundriß, dessen Wände das Konstruktionsskelett als waagerechte Holzschalung bedecken - wie die Haut das Knochengerüst. Die Konstruktion genügt sich nicht selbst, sie ist Abbild der Raumdramaturgie. Es ist ein sehr individuelles, experimentierfreudiges Haus, das den zuständigen Baubeamten zu der Äußerung veranlaßte: „er könne nicht klar erkennen, ob das nicht vielleicht doch ein Schiff sei..."

Dieses Haus erschließt sich erst, wenn man sich darauf einläßt. Und das lohnt sich.

Grundrisse Erd- und Obergeschoß im Maßstab 1:200.

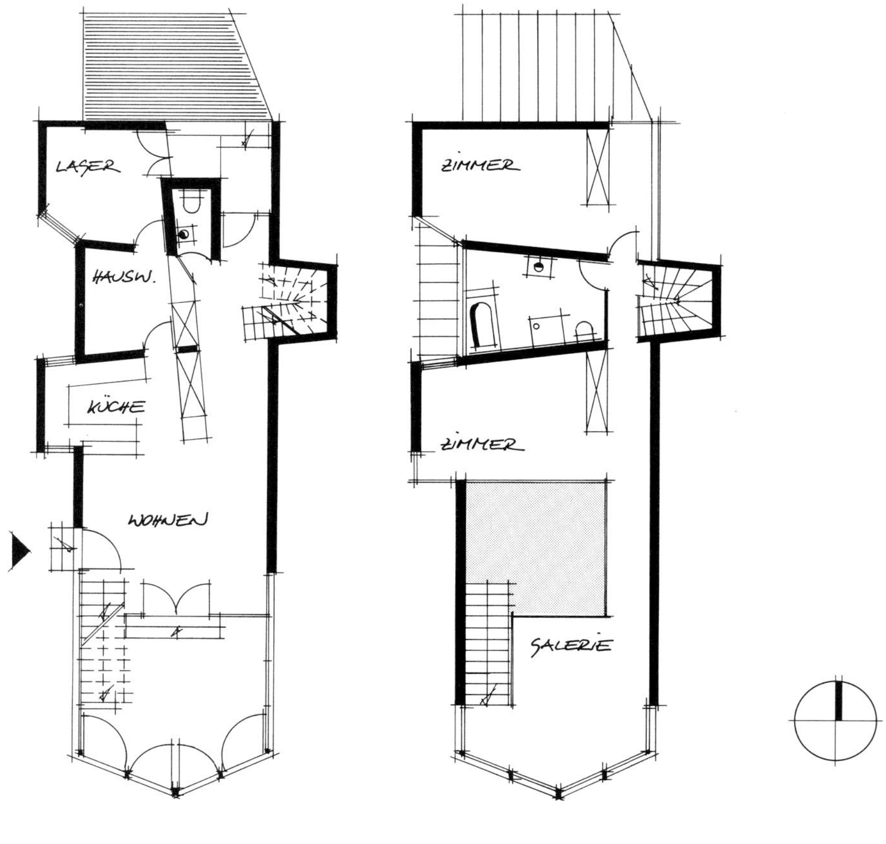

Der Rohbau gibt noch den Blick über die ganze Tiefe des Hauses frei: Im Vordergrund der über beide Geschosse reichende Wintergarten.

Abbildungen links: Blickbezüge, die die Plastizität der Innengestaltung verdeutlichen: Flächen, Körper und Linien fügen sich zu einer räumlichen Plastik.
Rechts: Der unterschiedliche Materialeinsatz - Sperrholzplatten als Brüstung, Stülpschalung für die Fassade - schafft eine reizvolle Struktur.

Überzeugende Einfachheit, überzeugende Eigenleistung

Architekten: ARCHIS, Diplom-Ingenieure Freie Architekten BDA, Karlsruhe

Die Randbedingungen: Ein typisches neues Wohngebiet mit Einzel- und Doppelhäusern in ländlicher Umgebung. Hier sollte für ein Ehepaar mit zwei Kindern ein einfaches, aber räumlich großzügiges Wohnhaus auf 700 Quadratmeter Grund entstehen. Vorgabe für die Planung war, daß als Baumaterial innen und außen Holz verwendet und die Ausführung weitgehend in Eigenleistung erbracht werden sollte.

Die Entwurfsidee: Wegen der Hanglage längs zur Straße wurden die Ebenen des Hauses halbgeschossig gestaffelt. Herz des variantenreichen Grundrisses ist der vertikal orientierte Treppenraum, der als gläserne Achse den Baukörper gliedert und seinen Abschluß in dem geplanten Wintergarten findet, der in einer zweiten Baustufe ergänzt werden soll. Die günstige Raumökonomie des Hauses mit einer Wohnfläche von 142 Quadratmetern entsteht durch Ineinanderschachteln der Räume, durch die versetzten Ebenen, Vermeidung von Gangflächen und das Ausnutzen der Kubatur bis unter die Dachfläche, wo sich noch eine Galerie mit großem Oberlicht befindet, ein Studio.

Die Konstruktion: Auf dem betonierten Kellergeschoß steht ein Holzskelettbau, der durch einfache Beplankung ausgesteift wird. Die Hauptbinder und Stützen sind aus Leimholz. Um eine freie Grundrißausbildung im Erdgeschoß zu ermöglichen, wurden die Mittelbinder mit Zugstangen von der verstärkten Firstpfette abgehängt. So konnten störende Stützen entfallen. Die Außenwände sind beidseitig mit Spanplatten beplankt, mit Mineralfasermatten ausgestopft und innen mit Gipskarton verkleidet. Die eigentliche Fassadenhaut ist eine hinterlüftete, sägerauhe Stülpschalung, die grau-blau lasiert wurde. Die Geschoßdecken zeigen die tragenden Balken, darauf liegen eine Nut- und Federschalung und der auf Quarzsand schwimmend verlegte Dielenboden. Heiß aufgebrachtes Wachs schützt die Oberfläche.

Alle Details wurden bewußt einfach gestaltet, so daß der gesamte Bau bis auf das tragende Skelett in Eigenleistung erstellt werden konnte. Beispielhaft, wenn „Baumeister" und Architekt so miteinander harmonieren.

Grundrisse Erd- und Obergeschoß im Maßstab 1:200.

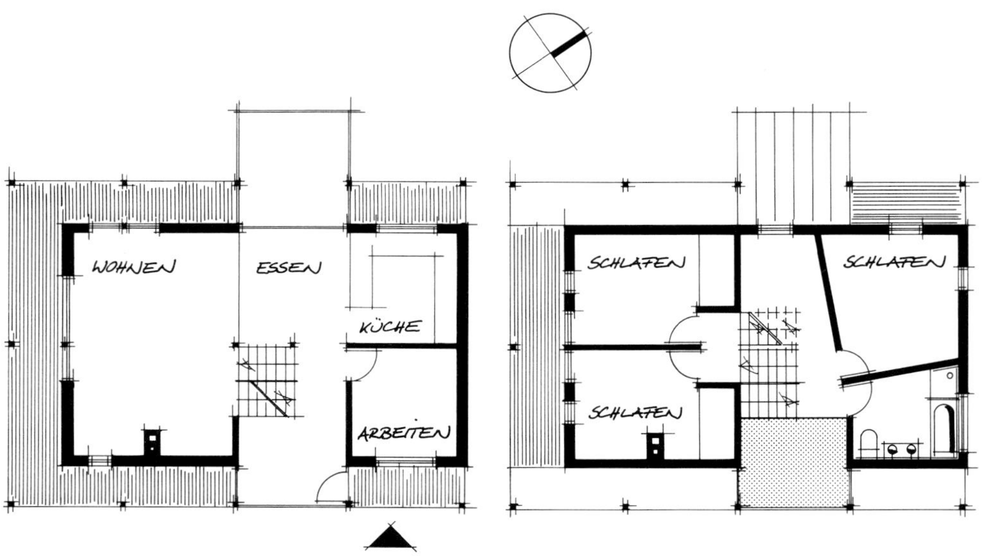

Die Ostfassade mit dem über beide Geschosse reichenden gläsernen Wintergarten. Das frei liegende äußere Holzskelett verweist auf das Konstruktionsprinzip und markiert die Gebäudekonturen.

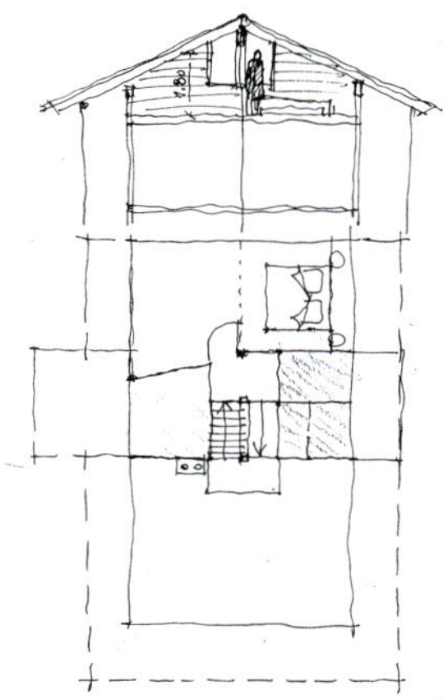

Links: Die Skizze zeigt im Schnitt die Ausbildung der Arbeitsgalerie. Das Foto gibt den Raumeindruck wieder, der seinen Reiz durch das große Firstoberlicht erfährt.
Rechts: Blick durch das offene Treppenhaus. Das Fensterelement läßt sich ganz zusammenfalten und schafft eine großzügige Öffnung zum Freisitz.

Wohnhaus in Tarsdorf, Oberösterreich

Landgewinnung: Holzhaus auf der Insel

Architekt: Professor Friedrich Brandstätter, Salzburg

Die Ausgangssituation: Eine sumpfige Wiese, 2000 Quadratmeter groß, war als Bauland ausgewiesen - aber niemand wollte sie haben, denn sie war infolge des hohen Grundwasserstandes überhaupt nur in Teilen begehbar. Erst die Idee des Architekten, einen Teil des Grundstücks in einen Teich umzuwandeln, um so relativ trockenes Bauland zu bekommen, machte das Grundstück verwertbar. Das Ergebnis ist jetzt eine besonders attraktive Lage: Wohnen am Wasser, im Teich können Fische gehalten werden - ein kleiner Frischwasserzulauf macht es möglich -, und im Winter ist es ein begehrter Ort zum Eislaufen und Eisstockschießen.

Auf dem „Festland" gibt es noch ein kleines Nebengebäude mit Werkstatt und Doppelgarage. Es dient zur funktionalen, aber besonders auch zur architektonischen Ergänzung dieses ungewöhnlichen Ensembles.

Das Konzept: Eine wasserdichte Wanne bildet den Keller. Auf der Betonplatte der Kellerdecke wurde ein einfacher dreigeschossiger Holzturm errichtet. Im Erdgeschoß liegen Eingang, Küche, Eß- und Wohnraum mit einem gedeckten Umgang, die Schlafräume befinden sich im ersten Obergeschoß, im Dach noch eine Einliegerwohnung mit reizvoller Belichtung auch von oben. Ein schmaler Holzsteg verbindet die Insel mit dem Ufer. Die Gesamtwohnfläche des Hauses beträgt 130 Quadratmeter.

Interessant war der Planungsablauf, denn es gab nur wenige Pläne. Architekt, Bauherr und Zimmermann trafen sich einmal wöchentlich auf der Baustelle. Anhand von Besprechungsnotizen und Detailzeichnungen - auf Schalbrettern ausgeführt - wurden vor Ort die jeweils anstehenden Arbeiten der Woche besprochen und festgelegt. Hintergrund war das Anliegen, ein einfaches Gebäude zu erdenken, das im wesentlichen in Selbstbauweise errichtet werden sollte. Die Schlichtheit des Hauses, seine Bescheidenheit und das einfallsreiche Eingehen auf die Grundstückssituation überzeugen.

Die Konstruktion: Das Holzskelett wurde als einfacher Ständer-Riegelbau ausgeführt, dessen Stützen durch alle drei Geschosse gehen. Die hinterlüftete Fassade besteht außen aus einer unbehandelten, sägerauhen Vertikalschalung mit Deckleisten, innen wurde die gehobelte Schalung auf Nut und Feder gesetzt, die Tragkonstruktion wird gezeigt und auch der Boden ist aus Holz - alles naturbelassen.

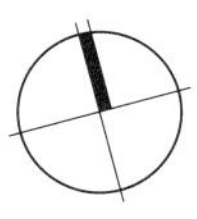

Grundrisse Erd- und Obergeschoß im Maßstab 1:200.

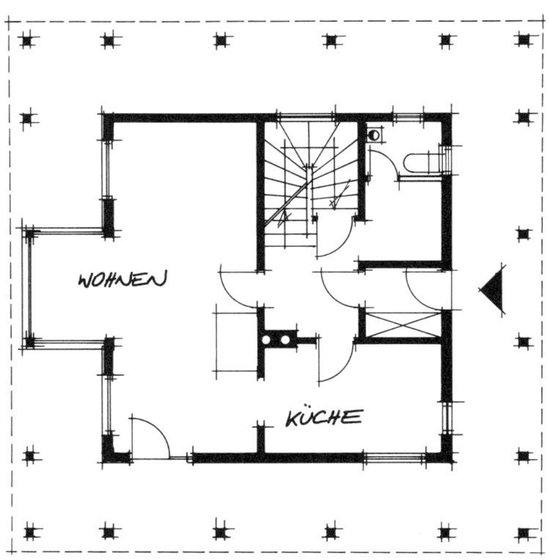

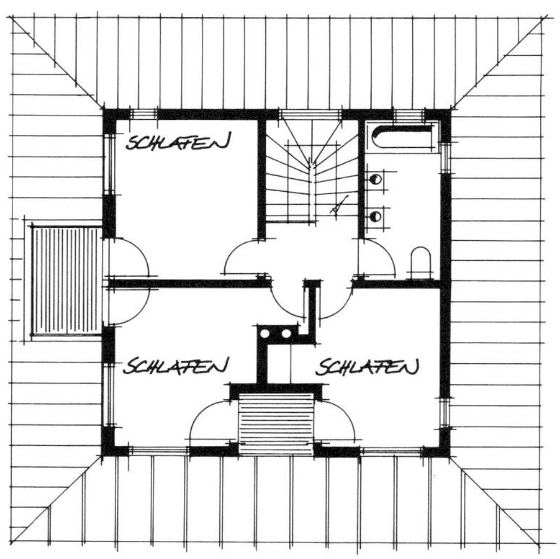

Links oben: Der Brückenzugang erinnert täglich daran, daß dieses Haus seinen Bauplatz durch künstliche Landgewinnung erhielt.
Rechts oben: Der Rohbau zeigt die drei Ebenen der Skelettkonstruktion.
Unten links: Zwei nahezu identische Baukörper bilden das Ensemble auf dem Festland und der künstlichen Insel.

Kostengünstig und flächensparend gebaut

Architekt: Clemens Richarz, Stuttgart

Die Bauaufgabe: Der Gartenbaubetrieb, der bisher aus unterschiedlichen Einzelgebäuden und Schuppen bestand, sollte durch den Bau des Wohn- und Bürotraktes eine räumlich-funktionale Neuorientierung erfahren. Den Beginn dieses Entwicklungskonzeptes stellt der neue Kopfbau dar, in dem sich im Erdgeschoß das Büro (80 Quadratmeter) und im Obergeschoß die Wohnräume (110 Quadratmeter) befinden.

Die Konstruktion: Das gesamte Gebäude ist als Leichtbau konstruiert. Ein Holzskelett übernimmt die Abteilung der vertikalen und horizontalen Kräfte. Das zweigeschossige Skelett spannt im Dachgeschoß frei über die gesamte Breite, während im Erdgeschoß die Deckenlasten aus dem ersten Obergeschoß über zwei zusätzliche Stützreihen aufgenommen werden. Die Aussteifung der Konstruktion wird von Wandscheiben im Bereich des Treppenhauses übernommen. Das Tragskelett stellt für alle Geschosse die konstruktive und auch die primär raumgliedernde Grundstruktur dar. Im Raumzuschnitt bleibt durch die Verglasung im Bereich der Fachwerkträger das Holzgerüst ideell und materiell wirksam. Der sich aus dem Grundraster der Tragstruktur orientierende Ausbau ist Bestandteil des Konzeptes, das Einzelstrukturen und ihre Beziehungen zueinander als konstituierende Elemente des Baues erlebbar macht.

Die Materialien: Es war das Anliegen des nach ökologischen Kriterien ausgerichteten Entwurfes - naheliegend bei einem Gartenbauer -, alle Materialien in „direkter" Form einzusetzen. So bleiben alle Holz- und Stahlteile in der Zustandsform ihrer Verarbeitung sichtbar, vor allem aber gibt es einen für das Recycling geeigneten konstruktiven Aufbau: Alle Gebäudeteile sind additiv zusammengefügt, das heißt, sie sind auch wieder lösbar und zerlegbar. Die klare, statisch optimierte Grundstruktur bedeutet auch, daß durch minimierte Querschnitte der Konstruktion und durch den einfachen Ausbau auch besonders ressourcensparend gebaut werden konnte. Dieses klare Bekenntnis zum Einsatz sparsamster Mittel bedeutet aber in diesem Fall kein gesichtsloses Bauen - so wie es ständig bei den kleinen Gewerbebauten geschieht - im Gegenteil: Dieser Bau zeigt eine gekonnte Verbindung aus funktionalen Erfordernissen, die ablesbar sind, und einem Gestaltungskonzept, das das gesamte Ensemble aus Wohnhaus- und Gewächshausbauten zu einer architektonisch markanten Hofanlage zusammenfaßt. Hier wird wieder im traditionellen Sinne mit Überzeugung gelebt und produziert. Daß für beide Lebensbereiche ein stimmiges bauliches Gefüge gefunden werden kann, das über eine reine Zweckverbindung hinausgeht, zeigt dieser Entwurf in eindrucksvoller Konsequenz.

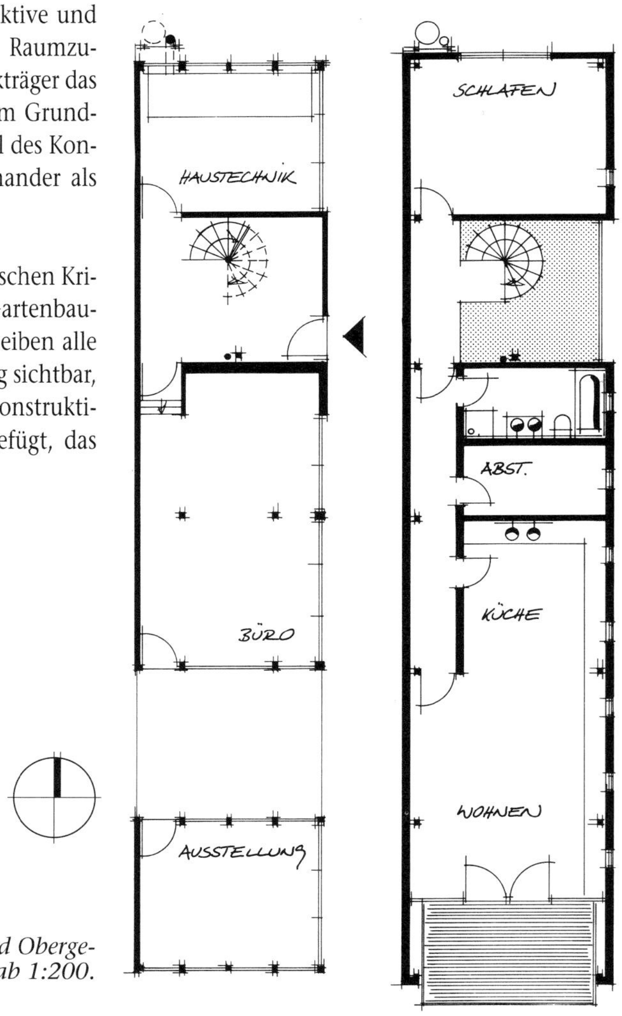

Grundrisse Erd- und Obergeschoß im Maßstab 1:200.

Die Gestaltung der Ostfassade zeigt den offenen Ausstellungsbereich und die gegen Einsicht geschützte Wohnung im ersten Obergeschoß.

Links: Einfache Konstruktionselemente aus dem Industriebau - Fachwerkträger, Lichtschiene - kontrastieren spannungsvoll mit der Inneneinrichtung.
Oben: Ablesbare Konstruktionsteile machen den Reiz der Fassaden- und Baukörpergestaltung aus.

Unter ökologischen und ökonomischen Gesichtspunkten gut gebaut

Architekten: a.d.u.k. Freie Planungsgruppe Neues Bauen, Augsburg

Das Entwurfskonzept: Das Grundstück liegt im ländlichen Einzugsbereich von München. Von hier stammten auch die Bauherren, die sich ein Haus wünschten, das dieser dörflichen Umgebung gerecht wird: es sollte nach ökologischen Kriterien und aus dem Werkstoff Holz gebaut werden. Der Bauökonomie kommt die Materialwahl ebenfalls entgegen, auch die einfache Form des klassischen Satteldachhauses, das seine überzeugende Erscheinung durch die Fassadengliederung und die gekonnte Detaillierung erfährt.

Den inneren Raumeindruck bestimmen die großzügig lichten Wohnräume und die frei eingestellte Stahltreppe, die auf die Galerie ins Obergeschoß zu den Schlafräumen führt. Die Küche wurde zugunsten einer separaten Speisekammer bewußt klein gehalten, schließlich galt es, das gesamte Raumprogramm auf 140 Quadratmetern unterzubringen. Die relativ geringe Wohnfläche wird allerdings durch die Einbeziehung der Außenräume zwischen Haus und Garage und die Terrassen, die das Haus nach außen erweitern, optisch geschickt vergrößert.

Die Konstruktion: Das Holzständerwerk ist beidseitig mit statisch wirksamen Spanplatten und innen zusätzlich mit Gipskarton beplankt, außen bietet eine hinterlüftete Brettschalung den Wetterschutz. Das Holz wurde nicht behandelt, da das Vergrauen ausdrücklich gewünscht ist, um das Haus dem landschaftsüblichen Patinabild anzupassen. Zwischen der Beplankung der Innenwände liegt eine Mineralfasermatte als Schalldämmeinlage, bei den Decken wurden die Lagerhölzer schwimmend aufgelegt und eine Schallschluckschüttung eingebracht, auf der die Dielen liegen. Bei richtigem konstruktiven Aufbau läßt sich auf diese Weise auch in einem relativ leichten Holzhaus für den nötigen Schallschutz sorgen.

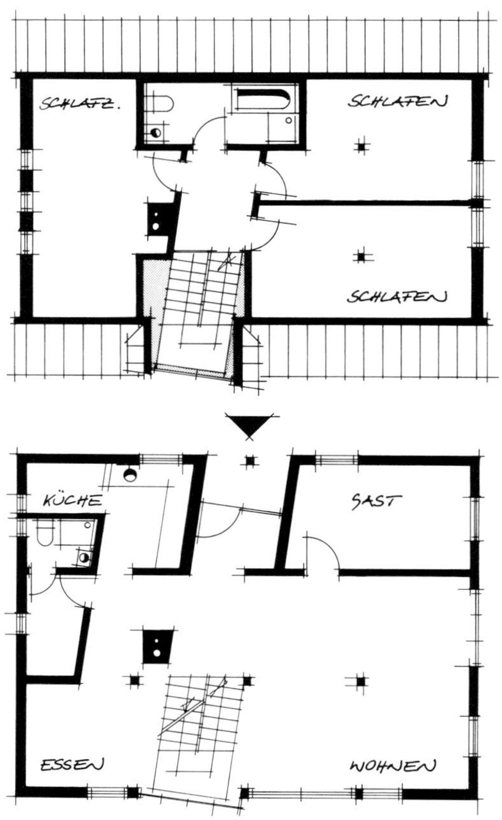

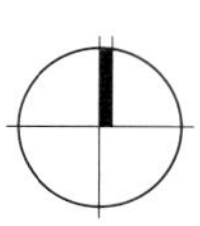

Grundrisse Erd- und Obergeschoß im Maßstab 1:200.

Kleine Blendarchitekturen auf der Fasssade sind Spalier und Zitat der Hausform zugleich - und sie unterstützen den symmetrischen Aufbau der Fassade.

Die schräg eingestellte, offene Stahltreppe schafft den Blickbezug über alle drei Ebenen. Auch der Kaminofen nimmt die Hausform wieder auf: als Zeichen der behaglichen Geborgenheit im Inneren.

Oben: Der Raumeindruck im holzverschalten Treppenhaus.
Links: Die vielfache Verwendung von Holz fügt diese Hausanlage sehr selbstverständlich in die Landschaft ein: Natur und Architektur bilden eine versöhnliche Einheit.

Überzeugender Regionalismus

Architekt: Alois Juraschek, Aschau im Chiemgau

Die Bauaufgabe: Es galt, auf einem sehr schmalen, 600 Quadratmeter großen Grundstück mit dem neuen Wohnhaus eine schlüssige Integration in die landwirtschaftlich geprägten Nachbargebäude zu erreichen. Die Grundidee war daher, in der Hülle eines Stadelgebäudes ein funktionsgerechtes Wohnhaus zu schaffen. Bedingung aller Überlegungen sollte sein, sich kompromißlos der vorhandenen Baustruktur unterzuordnen: Voraussetzung für ein respektvolles, landschaftsgerechtes Bauen.

Das Grundrißkonzept: Zur optimalen Ausnutzung der nur fünf Meter breiten typischen Holzhausform gibt es keine Trennung von Wohn- und Verkehrsflächen. Im Erdgeschoß liegt der Wohn-Eßbereich. Der Funktionsblock, der Küche und Bad zusammenfaßt, dient als Raumteiler. Das Obergeschoß folgt diesem Grundrißschema, auch hier gibt es keine unnötigen Flure. Eine leichte, gefaltete Stahltreppe führt direkt auf die großzügige Arbeitsempore. Im Untergeschoß, das die Hanglage ausnutzt, verbergen sich noch ein Gartenzimmer, Sauna, Bad, Vorrats- und Technikräume. Die Gesamtwohnfläche beträgt 150 Quadratmeter. Durch den sehr überlegten Umgang mit Flächen, Volumina, Konstruktion und Materialien konnten die Baukosten erstaunlich gering gehalten werden. Das aber sieht man diesem qualitätsvollen Haus nicht an: Folge der Material- und Farbkombinationen, die den Werkstoff Holz nicht verleugnen, ihn in seiner Rustikalität aber auch nicht strapazieren.

Die Konstruktion: Bodenplatte, Keller und Decke bilden einen massiven dreidimensionalen Stahlbetonrahmen. Darauf steht der Holzbau als Skelettkonstruktion mit einem Grundraster von vier mal fünf Metern. Die Binder im Systemabstand von vier Metern sind zugleich die Auflager der Zwischenbühne und des Daches. Wand- und Dachaufbau sind eine geschlossene Sandwichkonstruktion ohne Hinterlüftung. Es wurden massives Fichtenholz, wasserfest gestrichene Spanplatten und eine feuchtigkeitsbeständige Dämmung verwendet. Kostengünstige rote Eternitplatten nehmen die ortstypische Farbgebung der Dächer auf.

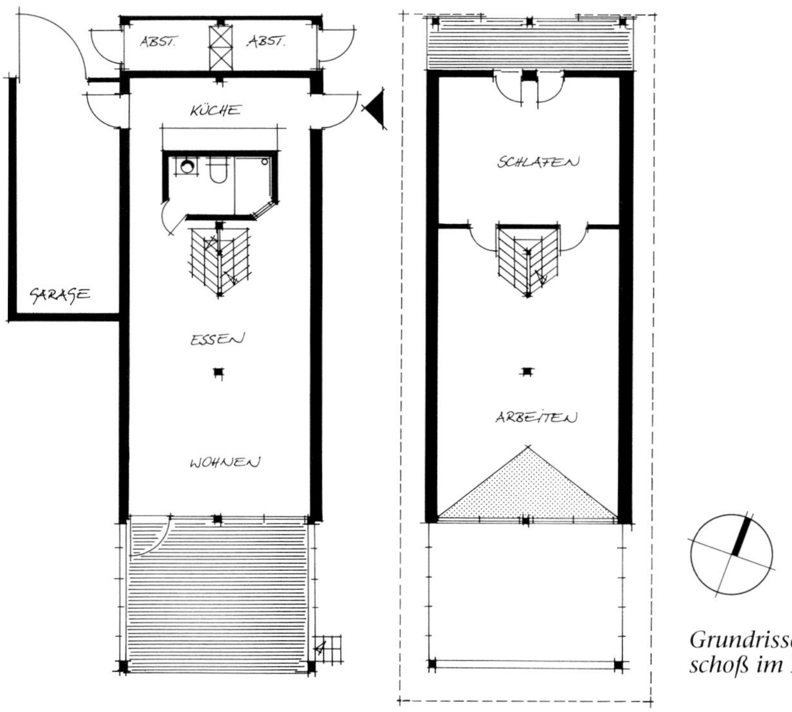

Grundrisse Erd- und Dachgeschoß im Maßstab 1:200.

Oben: Der Rohbau zeigt als Skelettkonstruktion das Grundrißprinzip: Um die relativ geringen Spannweiten des Holzes nicht durch Stützen gliedern zu müssen, erfolgte die Anordnung der Räume hintereinander.
Unten: Die offene Konstruktion der Terrasse deutet das Tragprinzip an und begrenzt gleichzeitig den Außenraum.

Links: Der Südgiebel wurde auf der ganzen Fläche verglast - solare Energieversorgung bei flach stehender Wintersonne und Lichtquelle für den in die Tiefe gestaffelten Grundriß.
Rechts oben: Der nach Norden angeordnete Schlafraum mit vorgelagertem Balkon.
Mitte: Die Arbeitsgalerie öffnet sich nach Süden über dem Wohnraum.
Unten: Der V-förmige Kaminofen ist Wärmequelle, skulpturales Objekt und visueller Raumteiler in einem.

Die Archetypen der Region als Vorbild

Architekten: Team A Graz, Graz

Die Lage: Das Einfamilienhaus mit Einliegerwohnung steht am Rande einer ländlichen Bebauung mit Kleinbauernhöfen. Es ersetzt ein Gebäude aus dem Jahre 1842, das selbst nicht zu erhalten war, dessen Dachziegel aber geborgen und wiederverwandt wurden.

Das Entwurfskonzept: Es war nicht einfach, den Bauherrn von dem Konzept eines Hauses zu überzeugen, dessen Bauform und Proportionen aus dem unverdorbenen Archetypus der umliegenden südoststeirischen Häuser abgeleitet werden sollte. Da das Haus in sehr kurzer Zeit erstellt werden mußte, blieb nur das Material Holz als Baustoff. Es kam aber auch wegen seines geringen Gewichtes der problematischen Hanglage entgegen. Auf einer betonierten „Kellerschachtel" erhebt sich der Baukörper, der sich in seiner äußeren Erscheinung kaum von der Umgebung abhebt. Zu diesem gewünschten Eindruck trägt auch die Wiederverwendung der alten Dachziegel mit ihren gedeckten Farbtönen bei. Im Inneren allerdings wurde der Grundriß ganz nach den Bedürfnissen des Auftraggebers entwickelt, der sich ein sparsames Haus mit vielen bewohnbaren Außenräumen wünschte (Wohnfläche 180 Quadratmeter, Einliegerwohnung im Keller 40 Quadratmeter). Das Volumen des Hauses wurde bis in den First ausgenutzt, die Giebel sind verglast, der teilweise zweigeschossige Wohnraum ist über die hochliegende Lichtrosette auch von der flachen Wintersonne ausgeleuchtet. Wie bei den anonymen, ohne Architekten erstellten Bauten der Umgebung sind die Trakttiefen gering, nur fünf Meter, und die Räume daher mehrseitig besonnt. In der geschützten Innenecke des T-förmigen Gebäudes ist dem Wohnraum ein Wintergarten als Wärmepuffer für die Winter- und Übergangszeit vorgelagert. Während sich im Inneren des geometrisch einfachen Hauses und auf den verschiedenen Terrassen ein gewisser räumlicher Luxus ausbreitet, sind die Details karg, um die Gesamtform nicht zu beeinträchtigen. Die aufragende Gebäudeform wird durch die vertikale Verbretterung betont, die Lage am steilen Hang mit Ausblick in die Landschaft durch die Form dramatisiert. Die der Witterung ausgesetzten Bauteile bestehen aus giftfrei imprägniertem Lärchenholz, die Innenverkleidungen und alle innenliegenden Konstruktionshölzer wurden aus Fichte hergestellt.

Der Erdgeschoßgrundriß im Maßstab 1:200.

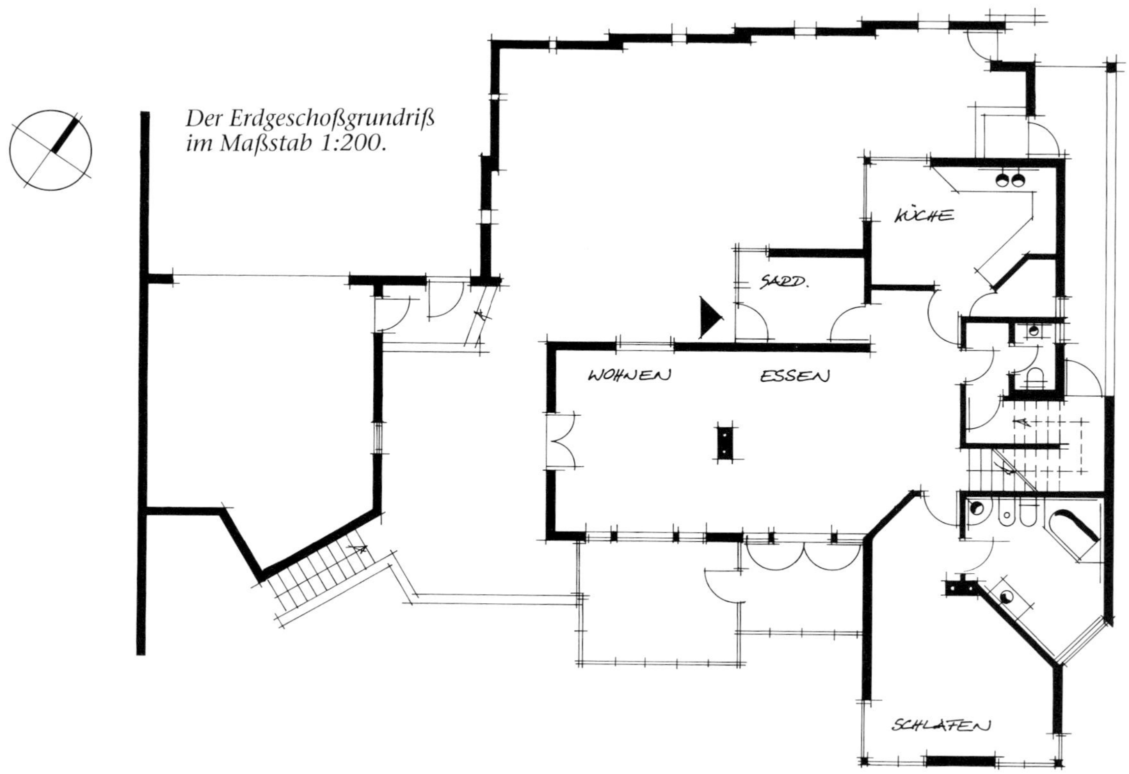

Oben links: Die Südfassade des T-förmigen Hauses. Die weit an den Fassadenrand gelegten Fenster im Erdgeschoß nutzen den Panoramablick über die Gebäudeecke.

Oben rechts, unten links: Eindrücke aus den flächig ganz mit Holz ausgekleideten Innenräumen.
Unten rechts: Die massive Mauer schirmt den Privatbereich ab und wirkt als großflächiger Kontrast zur kleinteiligen Holzarchitektur.

Ökologisches Holzhaus in Graz

Poetischer Pragmatismus

Architekt: Hubert Rieß, Graz

Die Bauaufgabe: Es war ein schwieriges Grundstück, auf dem dieses Haus entstehen sollte: zwar groß, aber sehr dicht bewaldet, und es gab keine Rodungsgenehmigung. Der Bau mußte also in den dichten Baumbestand eingepaßt und unter diesen einschränkenden Bedingungen auch gebaut werden. Konsequent entwickelt sich das Haus daher in die Höhe - es wurden keine Bäume beschädigt -, beansprucht weniger als 100 Quadratmeter Grundfläche einschließlich der Terrassen. „Man geht unten bei den Baumstämmen hinein, neben den Ästen die drei Stockwerke hinauf und kommt oben bei den Eichkatzerln an", wie es der Architekt selbst beschreibt. Die reine Wohnfläche beträgt insgesamt 146 Quadratmeter.

Das Konzept: Da sich wegen des schwierigen Baugrundes und der Kuppellage des Hanggrundstückes bei einem Massivhaus Fundierungsprobleme ergeben hätten, wurde das Haus ganz aus dem leichten Werkstoff Holz gebaut. Das kam dem dicht bewachsenen Gelände zugute. Mit Holz war ein schonender Bauvorgang möglich, ohne den Einsatz schwerer Fahrzeuge und Maschinen.

Holz ist das traditionelle Baumaterial der Region, aber die Architektur dieses Hauses sollte bewußt die ortsüblichen Stilvorgaben verlassen, es sollte ein modernes, ökologisches Haus werden, ganz und gar abgeleitet aus dem schönen genius loci dieser Hangsituation. Entstanden ist ein typisches Holzhaus, dessen singuläre Form sich zwangsläufig aus dem Grundstück und den Bedürfnissen der Bewohner ergibt: rücksichtsvoll sollte es sich in das Waldgefüge einpassen, natürlich in den Materialien, Formen und Farben sein, dazu ökologisch verträglich in Bauweise und Unterhalt. So wurde für die Außenhaut gehobelte, imprägnierte Fichte verwendet, innen gewachste Kiefer und für die Treppe Lärchenholz: alles heimische Hölzer, die so gut wie keiner Pflege bedürfen. Umfangreiche Dämmaßnahmen sorgen für einen geringen Energieverbrauch. Effektvolle Wärmequelle ist der Kachelofen im Erdgeschoß, dessen Wärme alle Räume erreicht, da sich das Haus der Thermik folgend in die Höhe staffelt. Die Bedarfsspitzen deckt zusätzlich eine Ölheizung ab.

Auch der Grundriß nimmt in besonderem Maße auf das Grundstück Bezug: durch die Ausrichtung der Räume und Terrassen zur Sonne, durch Höhenversprünge, die dem Gelände folgen. Erker und Fenster loten die schönsten Stellen des Grundstücks aus und nutzen vielfältig den durch die Bäume gebrochenen Lichteinfall. Höhepunkt dieser Dramaturgie der Naturverbundenheit ist der Wintergarten. Er bietet den Bewohnern das Gefühl, tatsächlich mitten im Wald zu sitzen. Durch die Hanglage ergab sich ein spannungsvoller Niveauunterschied in den Wohnräumen und durch einen Absatz auf der Treppe ein schöner Arbeitsplatz und Bibliotheksraum. Im Obergeschoß liegen die Schlaf- und Kinderzimmer, ganz oben, über eine steile Treppe zugänglich - wie ein Ausguck - das Dachzimmer mit Bad und Galerie: herrlicher Ausblick über die Baumkronen.

Grundrisse Erd- und Obergeschoß im Maßstab 1:200.

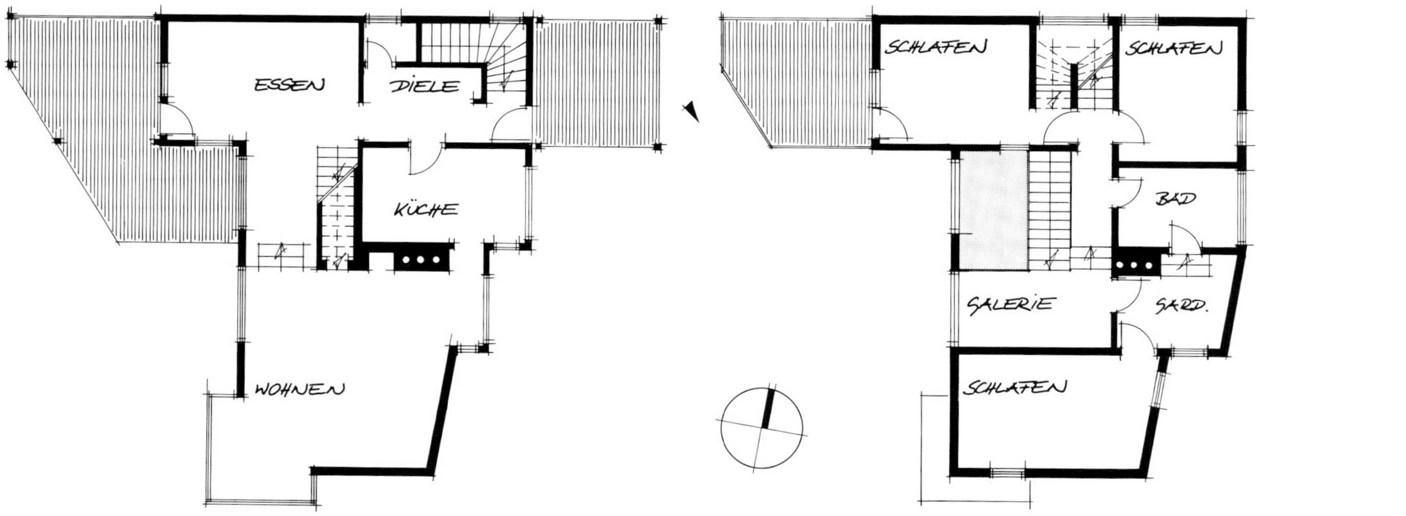

Oben: Die stark gegliederte Großform des Hauses folgt der Grundstücks-topografie.
Unten links: Die Vertikalschalung betont die Höhenentwicklung des zwischen die Bäume gestellten Baukörpers.
Unten rechts: Auch im Inneren setzt sich das Prinzip der Höhenstaffelung fort: Viele versetzte Ebenen schaffen die Grundrißqualität.

Vom Notwendigen zum Schönen und Angenehmen

Architekt: Dr. Reiner M. Baumann, Niedernhall

Der Anspruch: Voltaires Satz „Wenn man das Notwendige getan hat..., kommt man umgehend zum Schönen und Angenehmen" klingt verlockend selbstverständlich. Auf die Architektur bezogen stellt das Notwendige allerdings ein ganzes Bündel von Anforderungen, die erst einmal abgearbeitet werden müssen. Es sind die Aspekte Topographie, Umgebung, Konstruktion, Material, Nutzung, Ästhetik, Herstellung, Kosten, Ökologie und rechtlicher Rahmen. Nur selten wird Architektur in dieser Umfänglichkeit begriffen.

Das Grundstück: Bauen bedeutet grundsätzlich Eingriffe in die natürliche Umgebung. Wer es mit der Ökologie ernst meint, versucht, diese möglichst gering zu halten. Ein gewachsenes Hanggrundstück allerdings stellt eine extreme Situation dar, die meist mit aufwendigen Maßnahmen wie Stützmauern und Terrassierungen beantwortet wird. Daß es auch anders geht, zeigt dieses Haus.

Konstruktion und Material: Ein stufenförmiger Holzskelettbau wurde sanft auf das 789 Quadratmeter große Grundstück gesetzt. Fast frei schwebt das Haus über der vorgefundenen, üppig wuchernden Vegetation des ehemaligen Weinbergs. Als Fundamente für die Stützen wurden Betonblöcke verwendet, die über das Erdreich hinausstehen. So konnte die Zerstörung der Erdoberfläche und der Pflanzen auf ein Minimum beschränkt werden. Das einheitliche orthogonale Stützenraster bestimmt die Struktur des Hauses. Hauptträger laufen parallel zum Hang und bilden zusammen mit den Stützen entsprechend der Hangneigung stufenweise versetzte Traggerüste. Das statische Prinzip der Skelettkonstruktion bietet außerdem die Möglichkeit der offenen Innenraumkonzeption mit freier Raumaufteilung. Das Holzskelett bietet auch den Vorteil des relativ geringen Gewichtes. Das reduziert den Gründungsaufwand, bedeutet einfache Montage und im Verbund mit weitgehender Vorfertigung und der Verwendung großformatiger Montageelemente auch eine besonders geländeschonende Bauweise. Konstruktive Erfordernisse wirken formbildend: Die großen Dachüberstände bedeuten baulichen Holzschutz, auskragende Balkone dienen der Entlastung von Tragbalken und reduzieren den Querschnitt. Das „bewegliche" Skelett wird zur ablesbaren Antwort auf die Erfordernisse der Hangsituation.

Die Nutzungsmöglichkeiten: Nutzungen eines Hauses ändern sich. Die Konzeption des Hauses versucht, durch Flexibilität der Möglichkeiten lediglich einen Rahmen vorzugeben. Differenziert durch zwei Geschoßversätze stehen drei Nutzungsebenen zur Verfügung, die über einen durchgehenden Luftraum miteinander verbunden sind. Als Ergänzung zu dieser offenen Konzeption gibt es auf der obersten Ebene zwei gleichwertige geschlossene Räume, die eine direkte Verbindung zum Bad haben. Jedem Raum ist in voller Länge als Übergangsbereich zum Freien ein Balkon vorgelagert, der in der Tiefe differenziert ist, so daß er mehreren Funktionen dient: schmal, als reiner

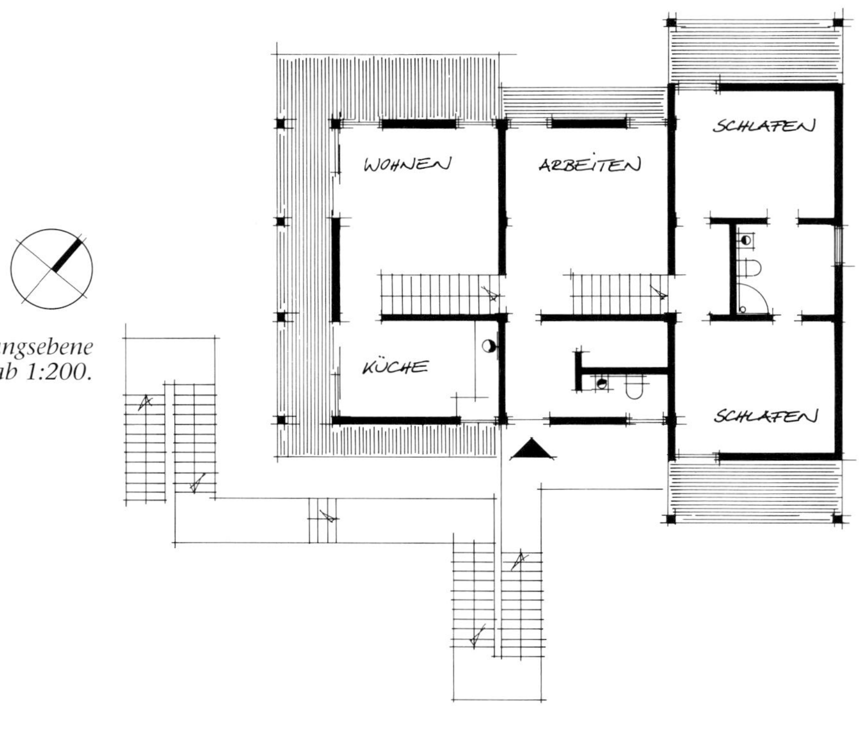

Grundriß der Eingangsebene im Maßstab 1:200.

Links oben: Die sichtbaren Außenstützen zeigen das Konstruktionsprinzip des vorsichtig in den Hang gestellten Baukörpers.
Unten: Die Eingangssituation.

Oben: Kaskadenartig folgen die Ebenen dem Hang. Rechts: Die untere Aussichtsterrasse vor dem Wohnraum.

Wartungsbalkon, als Liegeplatz, oder breit, als Fläche für eine Sitzgruppe. Betont wird das offene Grundrißprinzip durch die Lichtführung. Es gibt keine Tageszeit, zu der nicht die Wahlmöglichkeit zwischen einem schattigen oder sonnigen Aufenthaltsort im Hause gegeben ist.

Die Herstellung: Die Grundstückssituation bot so gut wie keinen Platz für eine Baustelleneinrichtung und das Lagern von Material. An so schwierige Grundstücke trauen sich nur wenige Bauherren heran, entsprechend niedrig ist oft der Grundstückspreis. Zur Kostenreduzierung trug hier auch das weitgehende Vorfertigen großer Elementtafeln bei. Sie wurden als Wand-, Decken- und Dachelemente komplett mit Fenstern, Haustür und Holzschalungen innerhalb weniger

Tage zu einem fertigen Haus aufgestellt. Der weitere Innenausbau (Elektro, Sanitär und Heizung) konnte dann unter dem schützenden Dach erfolgen - witterungsunabhängig auch im Winter.

Das Energiekonzept: Der Schwerpunkt der energiesparenden Maßnahmen liegt in der konsequenten Verwendung passiver Solarnutzung in Verbindung mit hochgedämmten Außenbauteilen (Dämmschichtdicke Dach = 14 cm, Fußboden = 18 cm, Außenwand = 10 cm). Großzügige, nach Süden orientierte Verglasungen wirken zusammen mit dem wärmespeichernden Keramikfußboden als Wärmefänger. Schiebeläden verhindern eine übermäßige Wärmeabgabe in der kalten Jahreszeit. Ein Niedrigtemperaturheizsystem und Sonnenkollektoren im Bereich des Firstversatzes (es geht eben auch nicht störend!) sorgen zusätzlich für geringen Energiebedarf und die Reduzierung von Emissionen. Kletterpflanzen bilden eine natürliche klimatisierende Hülle, die als Wind-, Wärme- und Feuchtigkeitsschutz wirkt.

Wenn das Notwendige alles bedacht ist, dann kommt man umgehend zum Schönen. Man muß nur wissen, wie.

Wohnhaus in Rath-Anhoven

Ein Haus, das sich den Wohnerfahrungen anpassen kann

Architekten: Werkgemeinschaft Professor Jochen Karrenbrock + Manfred Hammers, Aachen

Entwurf und Nutzung: Da das Grundstück zwar sehr lang, aber nur zwölf Meter breit ist, entwickelt sich des Gebäude mit seinem vorragenden Treppenhaus auf der einen und seinem Sitzplatz mit angrenzendem Wintergarten auf der anderen Seite ebenfalls in die Tiefe des Grundstücks. Dabei laufen die Dachfirste entsprechend längenparallel. Bis auf den Windfang mit WC und das Treppenhaus verbleibt das Haus im Erdgeschoß vorerst ohne weitere Trennwände. Auch die Küche ist zum übrigen Wohnen hin offen. Hier wollen die Bauherren erst einmal eigene Erfahrungen sammeln und - falls dann erforderlich - nachträglich eine transparente Trennwand einbauen. Soweit es die Vorgaben des schmalen Grundstücks zuließen, wurden alle wichtigen Aufenthaltsräume mit großen Fenstern zur Sonne und zur Landschaft angeordnet. Zusätzlich fällt über die dreiseitig verglaste Treppenhausfassade auch am Nachmittag viel Licht in die Tiefe des Hauses. Über dem eigentlichen Dachgeschoß mit üblicher Familiennutzung haben sich die Bauherren zusätzlich einen kleinen Traum erfüllt: hier befindet sich ein schmalgestrecktes Turmzimmer, das als Refugium für die Eltern gedacht ist und - getrennt von der Haupttreppe - nur über eine Stiegenleiter erreichbar ist. Ein Teil beider Satteldachflächen des Turmzimmers ist mit abgewinkelten, waagerecht verschiebbaren Dachflächenfenstern ausgestattet, so daß man bei schönem Wetter Mond und Sterne betrachten und auch unter freiem Himmel schlafen kann.

Die Konstruktion: Das Holzskelett wurde im Ein-Ebenenprinzip mit durchlaufenden Stützen und eingefügten Balken erstellt. Die Stützen und Unterzüge bestehen aus Brettschichtholz, die Deckenbalken und der Dachstuhl aus Fichten- und Tannenvollholz. Während für die sichtbaren Tragdecken und Dachschalungen ebenfalls einheimisches Nadelholz verwendet wurde, besteht der äußere „Wettermantel" als horizontale Stülpschalung aus unbehandelter Douglasie. Bei der Konstruktionsfindung wurde auf zwei Dinge besonderer Wert gelegt. Erstens sollte das Haus bis auf wenige Gewerke vom Bauherrn selbst und damit sehr ökonomisch gebaut werden können, und zweitens sollten ökologische Vorstellungen in bezug auf die Wahl der Materialien und das Verhältnis von Wärmeschutz-Investitionen zu Energie-Einsparungskosten verwirklicht werden. So wurden die Außenwände mit zwölf Zentimeter dicken Steinwollmatten gedämmt und die Fenster mit Wärmeschutzglas ausgestattet. Die Ziegelwand zum Nachbarn und eine Ziegel-Fertigdecke über dem Keller, ferner ein Lehmestrich auf der Erdgeschoßdecke (zugleich auch Trittschalldämmung) speichern zusätzlich die erzeugte Wärme im Haus. Als Heizung wurde eine Warmwasser-Radiatoren-Heizung eingebaut, die mit einem Brennwertkessel betrieben wird. Durch den direkten Anschluß des Kessels über Dach an die Außenluft kann so auf ein Heizungs-Rauchrohr verzichtet werden.

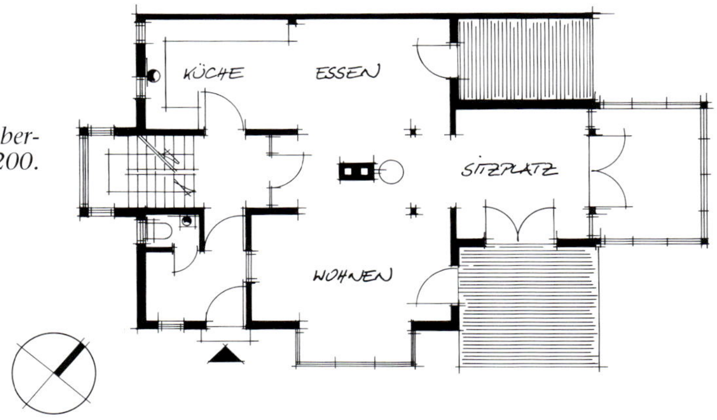

Grundrisse des Erd- und Obergeschosses im Maßstab 1:200.

Unten: Die eingeschnittenen Pultdächer heben das Turmzimmer hervor.
Ganz unten: Die gestaffelten Dachebenen aus Sattel- und Pultdächern schaffen eine reizvolle Baukörperform. Sie kontrastiert mit den sonst bewußt einfach gehaltenen Holzdetails.

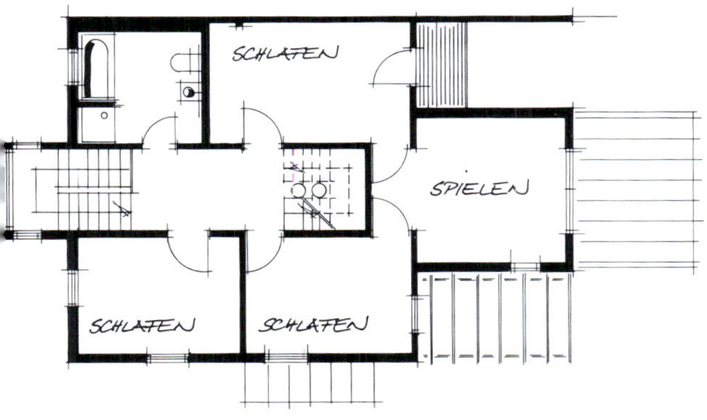

Gehöft in Bonndorf, Schwarzwald

Wiederaufbau als Chance

Architekten: Werkgruppe Lahr, Lahr

Die Situation: Das 200 Jahre alte Gehöft, das seit 1812 auch als Gasthof genutzt wurde, war vor einigen Jahren abgebrannt. Für den Wiederaufbau wurde ein Wettbewerb ausgeschrieben, der forderte, das historische Gebäude nicht zu kopieren, sondern den Nachweis zu liefern, daß auch heute mit einer zeitgemäßen Architektursprache landschaftstypisch und funktionsgerecht gebaut werden kann. Das Ergebnis ist so überzeugend und anregend, daß es in das Buch aufgenommen wurde, auch wenn es kein reines Wohnhaus ist.

Das Entwurfskonzept: Auf einem massiven Sockelgeschoß wurde aus Brettschichtholz ein zweigeschossiger Skelettbau errichtet, dessen Obergeschoß von einem umlaufenden, breiten Balkon begleitet wird. Überdeckt wird der Bau von einem weit ausladenden, steilen Walmdach aus Blech. An der Südseite, wo das Dach ausgebaut ist, ist der untere Teil des Walms vollflächig verglast. Der Neubau greift in vereinfachter Form die typischen Merkmale des Schwarzwaldhauses auf. Änderungen gegenüber der traditionellen, bewährten Bauweise wurden dort vorgenommen, wo die Verwendung neuer Materialien wirtschaftlich war und auch funktionale Vorteile brachte. Gleichzeitig wurde die Gebäudegroßform, die für den Standort und die Region so wichtig ist, nicht verleugnet.

Links: Der weite, zinkbedeckte Dachüberstand schützt in traditioneller Bauform die Holzfassade.
Rechts: Der untere Teil des Daches wurde großflächig verglast und schafft so die heute geforderte Belichtung der oberen Räume - früher war hier der Heuboden.
Ganz rechts: Das untere Glasdach zeigt den Funktionswandel an: statt Heu heute Wohnraum.

Zeitgemäße Materialien und Details im Inneren.

Hier war die Rekonstruktion des traditionellen Schwarzwaldhauses gerechtfertigt.

Wohnhaus in Gutach

Architektur als Merkzeichen

Architekt: Schaudt, Konstanz

Das Entwurfskonzept: Auf einem Grundstück mit herrlicher Fernsicht sollte ein Haus geplant werden, dessen Architektur die Funktion eines Markenzeichens übernehmen sollte. Dieser Signetgedanke wurde auch auf den Umgang mit dem Grundstück und die Materialwahl übertragen. So wurde die Konstruktion als minimiertes Holzskelett geplant, das kaum Erdbewegungen erforderte, so daß die Wildwiese keinen Schaden genommen hat und schnell ergänzt werden konnte. Als Referenz an die Natur wurde das Haus in hochwärmegedämmter Leichtbauweise gebaut, der Baumaterialeinsatz minimiert und mit energiesparenden Wärmeschutzgläsern versehen: ein Niedrigenergiehaus. Der ressourcensparende Ansatz des Entwurfs zeigt sich auch in der Verwendung der natürlichen Materialien Holz, Stahl und Glas. Auch mit der zurückhaltenden Farbgebung stellt sich das Haus bescheiden dar. Einzig die klare Form, die die traditionelle Gebäudefunktion neu interpretiert und gestaltet, zeigt sich selbstbewußt: gute Voraussetzungen dafür, daß sich Architektur als Zeichen durchsetzt.

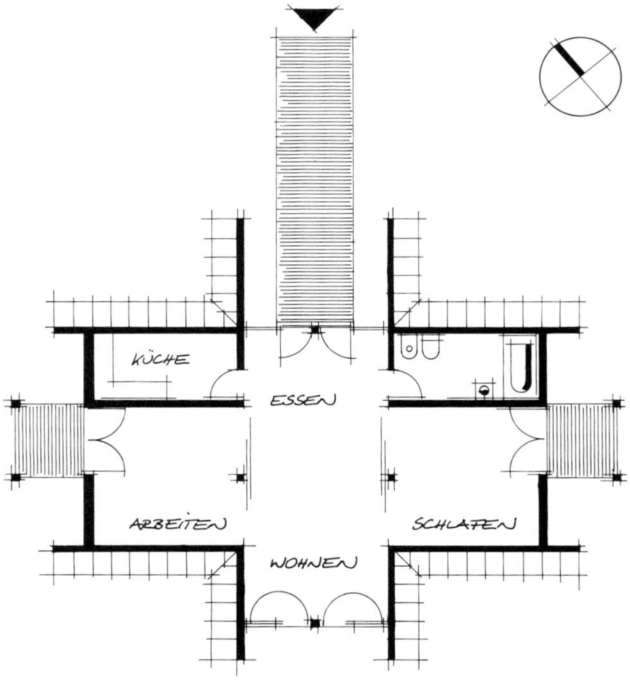

Grundrisse Erd-, Ober- und Dachgeschoß im Maßstab 1:200.

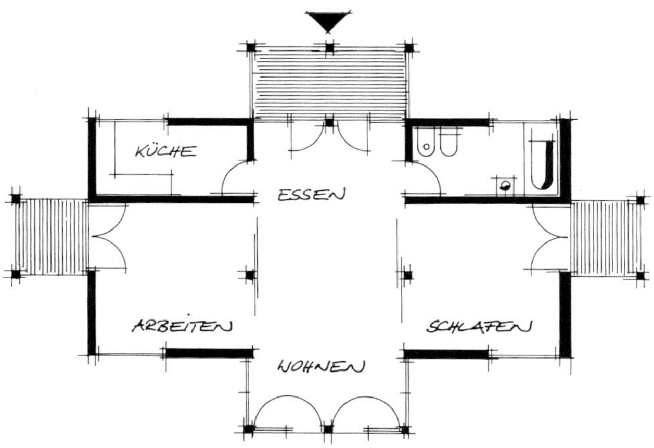

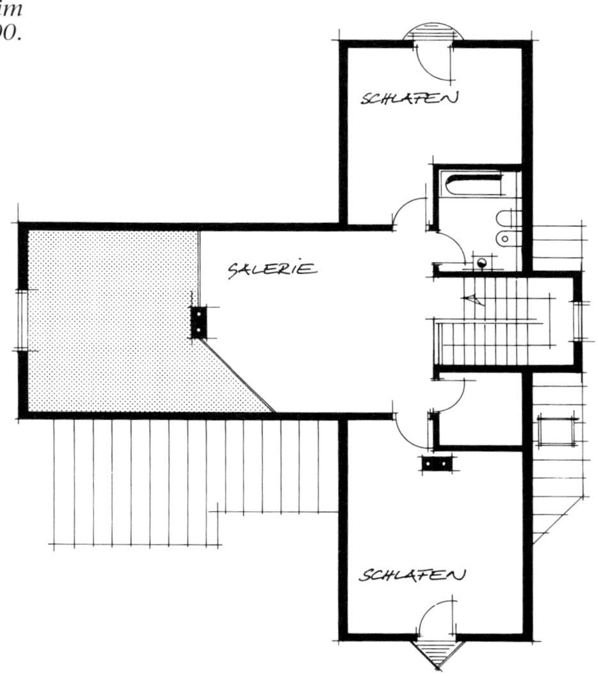

Links: Markant erhebt die Gebäudeform ihren zeitgenössischen Architekturanspruch - aber ohne sich aufzudrängen.
Unten: Große Dachüberstände und Balkone sorgen für den nötigen Sonnen- und Witterungsschutz.

Wohnhaus und Atelier in Keutschach, Kärnten

Traditionelle Baukultur neu belebt

Architektin: Sonja Gasparin, Faak am See

Die Bauaufgabe: Errichtung eines Wohnhauses, eines Ateliers, zweier überdeckter Autoabstellplätze und die Anlage von zwei Nebengebäuden.

Das Grundstück: An einem nach Südwesten abfallenden Hang, der im Norden und Osten schon mit Einzelhäusern bebaut ist, liegt der Bauplatz mit einer Fläche von 1440 Quadratmetern. Auf diese Situation antwortet die Planung mit einer haufendorfartigen Gruppierung, die auf den nördlichen Grundstücksbereich konzentriert ist, so daß die gesamte Südlage unverbaut bleibt.

Das Konzept: Es sind zwei gedankliche Ansätze, die die Anlage der Häuser bestimmen. Einerseits wird für die Errichtung der Nebengebäude das Gelände angeschnitten - die Häuser werden „eingegraben", andererseits wird durch die Anordnung der Gebäude das Gelände unberührt gelassen, das Haus macht sich die Topographie zunutze. Der schmale lange Wohntrakt liegt parallel zum Hang, während der Atelierbau um 45 Grad gedreht wurde. Zwischen beiden Häusern, die durch einen langen Laubengang verbunden sind, liegt eine vom Boden abgehobene Terrasse, die man über einen gedeckten Bereich betritt. Sie verklammert die beiden Baukörper miteinander und setzt sie in spannungsvollen Bezug.

Der Grundriß: Die Raumfolge Windfang und Treppe trennt den Wohnraum mit Eßplatz und Küche von den gegenüberliegenden Schlafräumen und dem Bad. Im Obergeschoß gibt es ein weiteres Schlafzimmer, Bad, WC und eine Bibliothek mit einem vorgelagerten Lesebalkon. Die reine Wohnfläche beträgt 127 Quadratmeter, die des Ateliers 82.

Die Wohnlichkeit und Behaglichkeit des Hauses werden durch den konsequenten Einsatz von Holzriegelwänden und Holzschalung bestimmt. Fenster und Türen werden in Anlage und Form differenziert eingesetzt. So zum Beispiel das große runde Fenster, das eine gerichtete Blickbeziehung zum Ateliergebäude schafft. Das Atelier selbst, das mit seiner Diagonalstellung den Balkon und auch den Lesebalkon bestimmt, ist ein quadratischer Bau mit einem Galeriegeschoß, der Ausstellungszone, die die optische Verbindung zwischen den Ebenen schafft.

Die Architektur: Obwohl sich die Formensprache der Hausanlage nicht auf lokale oder gar bäuerliche Elemente bezieht und keine alten Formen reproduziert, ist sie doch in ihrer elementaren Einfachheit aus dem Geist ländlicher Bauten konzipiert. Bei diesem Haus ist einem nichts fremd, alle Details sind vertraut, weil sie aus einem handwerklichen Denken entwickelt wurden und sichtbare Logik besitzen. Solche Bauten haben mit alter Baukultur mehr gemein, als jene, die oberflächlich irgendwelche alten Formen oder Zierat nachahmen.

Die Konstruktion: Keller und erdberührende Teile wurden in Stahlbeton ausgeführt, die aufgehende Konstruktion ist ein Pfosten-Riegel-System mit dazwischenliegender Wärmedämmung, äußerem Windpapier und senkrechter Schalung und Deckleiste, innen mit Dampfbremse und glatter Schalung. Dach- und Deckenkonstruktion sind ebenfalls aus Holz, wobei eine zusätzliche Trittschalldämmung die nötige Masse schafft und für eine wirkungsvolle akustische Trennung der Geschosse sorgt. Im gesamten Haus wurde als Bauholz Fichte verwendet, wobei alle Teile mit einer Naturharzölimprägnierung behandelt wurden. Den Außenflächen wurde zusätzlich ein ockerfarbenes Pigment beigemischt.

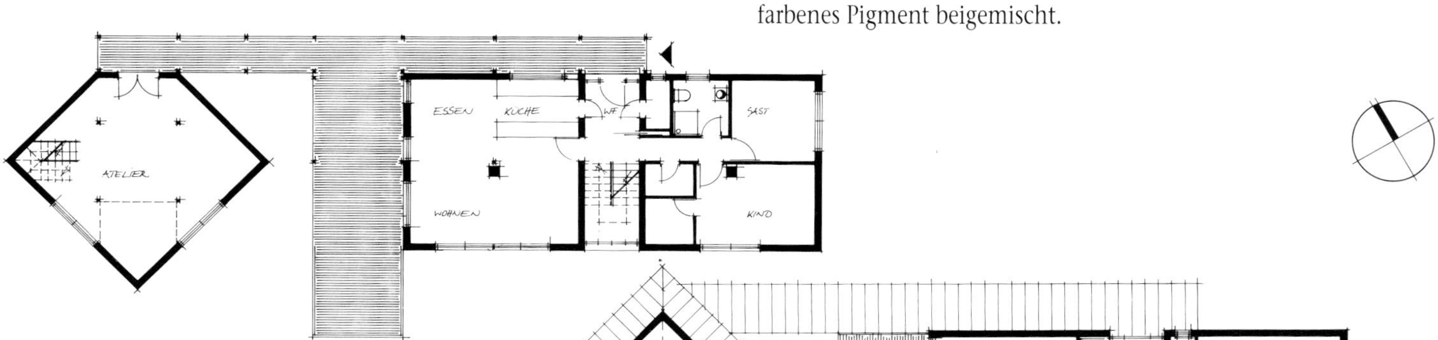

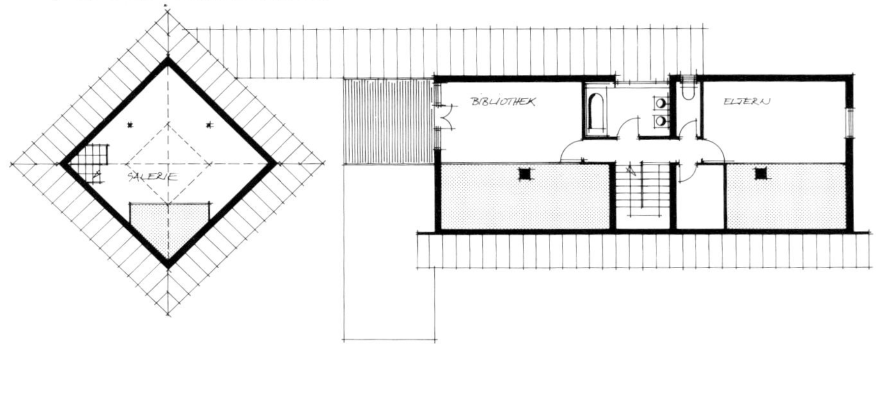

Grundrisse Erd- und Obergeschoß im Maßstab 1:300.

Eindrucksvolle Großformen weisen in Baukörper und Fassadengestaltung auf die Inhalte des Gebäudeensembles hin. Verbindendes Element ist der Baustoff Holz, dessen warmer Ockerton dem Haus eine besondere Strahlkraft verleiht.

Ökologische Gesichtspunkte als Programm

Architekt: Christian Vollbracht, Hamburg

Der Entwurf: Das Haus ist ein gutes Beispiel für eine konsequent umweltverträgliche Planung. Es beginnt mit der bodenschonenden Plazierung des Hauses auf dem waldartigen Grundstück und der Grundrißkonzeption, einer beinahe höhlenartigen Anordnung der Haupträume um eine zentrale Wärmequelle, einen Kachellehmofen. Der Wohn- und Eßraum mit der Küche ist aus energetischen Gründen zur Sonne hin großflächig verglast, und auch der Wintergarten trägt als Energielieferant zur Minimierung der Heizkosten bei. Die Nordfassaden sind geschlossen. Neben ihrem hohen Gebrauchswert als Freisitz, Veranda und Terrasse - mit ganz unterschiedlichen Qualitäten - dienen die begrünten Vordächer auch als thermische Pufferzonen und Witterungsschutz für die Fassade. Zur Minimierung der Kubatur des Hauses ist die Grundfläche quadratisch, die strenge Form ohne Vor- und Rücksprünge sorgt für ein optimales Verhältnis von Grundfläche zu Fassadenfläche und damit für minimierte Abstrahlflächen. Die Gesamtwohnfläche beträgt 230 Quadratmeter.

Die Konstruktion: Das Traggerüst und die Umfassungswände unterstützen das Ziel eines Niedrigenergiehauses. Eine einfache Holzständerkonstruktion wurde mit Mauerwerk als Speichermasse ausgefacht, außen mit 16 Zentimetern Isoflok, fünf Zentimetern Heraklithplatten und 20 Millimeter Weichfaserplatten mit hinterlüfteter Verschalung gedämmt. Die Dämmschicht im Dach beträgt sogar 22 Zentimeter. Alle Baustoffe wurden auf Umweltverträglichkeit und Wohnbehaglichkeit geprüft und möglichst materialschonend eingesetzt. Sämtliche Wasserverbrauchsstellen erhielten Sparaturen, eine zusätzliche Regenwassernutzungsanlage minimiert den Verbrauch des Trinkwassers.

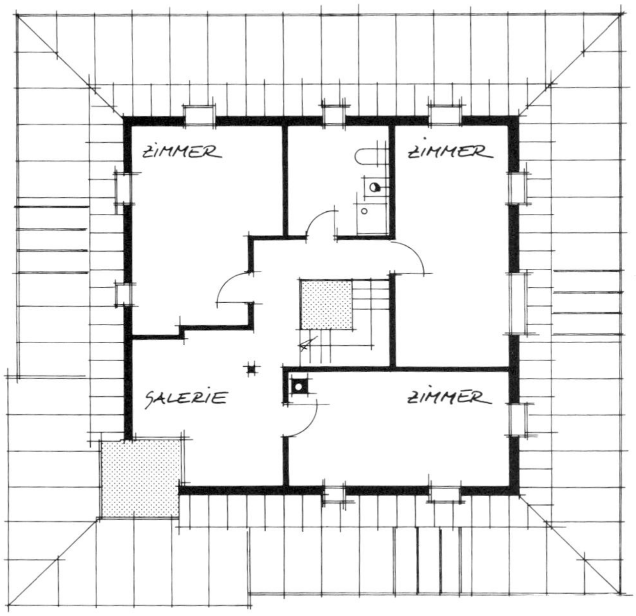

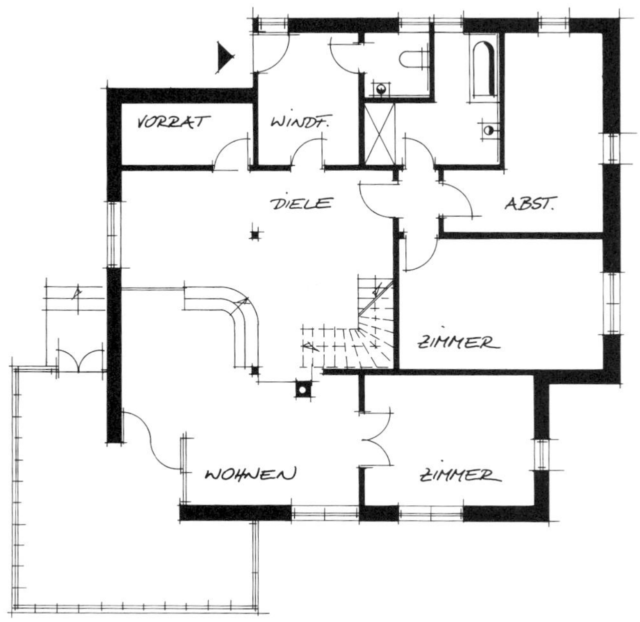

Grundrisse Erd- und Obergeschoß im Maßstab 1:200.

Oben links: Die Westfassade mit dem großen Glasanbau wird konsequent als solare Energiequelle genutzt.
Unten links: Um mehr Raumhöhe zu gewinnen, wurde der Wohnraum um drei Stufen abgesenkt.
Unten rechts: Grasdächer wurden nur über den bauphysikalisch unbedenklichen Vordächern eingesetzt.

Holztafel-Bauweise

*Architekt:
Dr. Reiner
M. Baumann,
Niedernhall*

Lehrreiche Anregungen: Der Fundus regionaler Architekturmerkmale

Architekten: Fink + Jocher, München

Die Lage: Die Bautradition dieses ländlichen Ortes ist Abbild der klimatisch exponierten Situation des Alpenvorlandes: hohe Niederschlagsmengen, viel Schnee und starker Windanfall prägen hier die Gestalt der Häuser. Es sind langgestreckte, in der Windrichtung aufgestellte Gebäude mit weit überstehendem Dach zum Schutz der Holzfassaden. Darüber hinaus zeigen sie in der Mittelverwendung einen sparsamen Umgang mit dem Naturhaushalt und beeindrucken durch ihre zweckmäßigen handwerklichen Details. Der Geist dieser Bautradition war Vorbild und Anregung für die Planung dieses Hauses.

Das Konzept: Das vorgegebene Budget zwang zur Flächen- und Volumenminimierung. 87 Quadratmeter und ein umbauter Raum von 350 Kubikmetern bietet das zweigeschossige, nicht unterkellerte Haus. Der Zugang erfolgt über die nahezu geschlossene, vor starker Auskühlung geschützte Nordseite. Im hellen, nach Süden orientierten und großflächig verglasten Erdgeschoßbereich sind die Tagräume, Wohnzimmer und Küche angeordnet. Die Erschließung der privaten Nachträume im Obergeschoß erfolgt von Süden über eine zweiläufige Treppe mit abgestuftem Deckenspiegel. Der Schlafraum wird über ein 2x2 Meter großes quadratisches Fenster belichtet, das sich durch ein Schiebeelement öffnen läßt. Ein Oberlichtband an der Südfassade in Bad und Treppenraum sorgt für Tageslicht, vor übermäßiger Erwärmung werden diese nur temporär genutzten Räume im Sommer durch den Dachüberstand geschützt.

Die Konstruktion: Das Gebäude ist ein Holzrahmenbau mit sehr guten gedämmten Hüllflächen (K = 0,25). Die tafelförmigen, in der Werkstatt vorbereiteten Elemente waren als Rohbau in drei Tagen aufgestellt, die Gesamtbauzeit vom Humusabtrag bis zur Übergabe betrug nur vier Monate, was auch erheblich zur Reduzierung der Bau- und Finanzierungskosten beitrug.

Das fünf mal zehn Meter große Gebäude wurde im Flächenrasterabstand von 62,5 Zentimetern geplant. Alle tragenden Konstruktionsteile bestehen aus getrockeneten sechs mal zwölf Zentimeter schlanken Kanthölzern. Zur Optimierung der Wärme- und Schalldämmung wurde die 15 Zentimeter starke Mineralfaserdämmung kreuzweise angeordnet. Die Aussteifung und Windabdichtung übernimmt eine stielaußenseitig angebrachte, zwölf Millimeter dicke kanadische Sperrholzplatte. Direkt darauf liegt die Leistenschalung, während raumseits eine 12,5 Millimeter starke Gipskartonplatte mit Dampfbremse angebracht wurde. Auch das Dach ist ein geschlossenes Wärmedämmsystem mit innerer alubeschichteter Dampfsperre. Die in ihrer Funktion ganz unterschiedlich eingesetzten Holzbauteile wurden verschiedenfarbig behandelt und setzen kleine Glanzlichter auf der so angenehm reduzierten Fassade. Auch bei diesem Haus bestechen die Reduktion der Mittel, die saubere Detaillierung und die fast archaisch anmutende Form. Und doch ist dieses Haus unverwechselbar zeitgenössisch. Damit setzt es ganz selbstverständlich die regionale Bautradition fort - auch bei den Baukosten. Eine überzeugende Bescheidenheit.

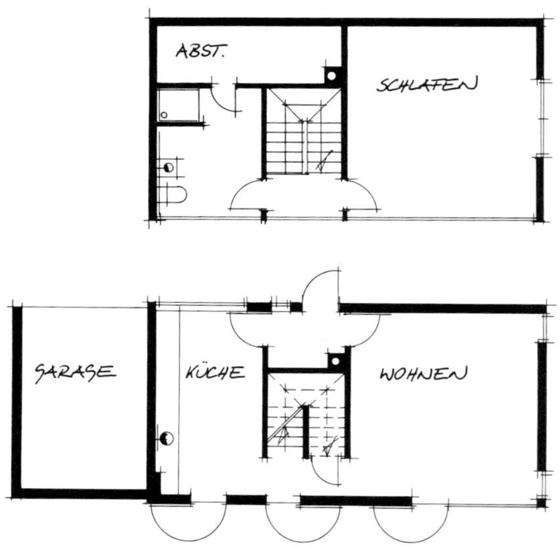

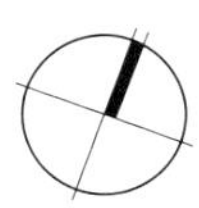

Grundrisse Erd- und Obergeschoß im Maßstab 1:200.

Links: Das Baustellenfoto zeigt das Prinzip der Holzrahmenbauweise. Rechts: Die Holzgefache vor dem Einbau der Dämmschicht.

Der Eingangsbereich mit dem Carport.

Die Ostfassade mit dem großen Schiebefensterelement im Schlafzimmer.
Oben: Zur Vermeidung von zu viel Sonneneinstrahlung im Schlafraum, wurden die Fenster als Oberlicht, direkt unter dem Dachüberstand, angeordnet.
Unten: Das enge Balkenraster gibt der Decke einen fast schwebenden Eindruck.

Ein Holzhaus nach amerikanischem Vorbild

Architekt: Rolf Leinweber, Berlin

Die Bauaufgabe: Das Wohnhaus für eine Familie mit zwei Kindern sollte nach den Richtlinien der Wohnungsbauförderung (Baukosten nicht über 300.000 Mark) erstellt werden, die erwünschten Eigenleistungen des Bauherrn berücksichtigen und nach baubiologischen Aspekten geplant werden.

Das Entwurfskonzept: Die Konstruktion wurde nach amerikanischem Vorbild als Holztafelbauweise mit sehr einfacher Grundform geplant, die den Außenraum durch die Anlage von Loggien und Terrassen mit einbezieht. Die umlaufende Holzpergola ergänzt das Konzept, ist nicht nur Schattenspender, sondern gleichzeitig Rankgerüst, das als zweite Grünhaut auch zur Klimaverbesserung im Haus selbst beiträgt. Die Kombination aus Holzpergola und Freisitz ist so konzipiert, daß hier in Eigenleistung sehr einfach noch zusätzliche Nutzräume eingebaut werden können, ohne dadurch das Hauskonzept insgesamt zu verändern. In der ersten Ausbaustufe verfügt das Haus über 130 Quadratmeter Wohnfläche.

Die Konstruktion: Eine weitgehende Vorfertigung des Rohbaus ermöglichte eine extrem kurze Bauzeit. Das Haus war bereits nach einer Woche gerichtet. Die Konstruktion wurde als „Wood-Frame"-Bauweise (Rahmen, Baufurnierplatte, Dämmung, Schalung) ausgeführt, wobei alle konstruktiven Teile aus dem praktisch unverrottbaren Red-Cedar-Holz bestehen. Alle zusätzlich am Bau verwendeten Materialien sind baubiologisch einwandfrei. Diese in den USA und Kanada seit über 100 Jahren erfolgreich praktizierte Bauweise ist besonders flexibel und wirtschaftlich. Leider wird sie in Europa nur sehr wenig angewandt, obwohl sie seit 1984 auch alle deutschen Normen erfüllt.

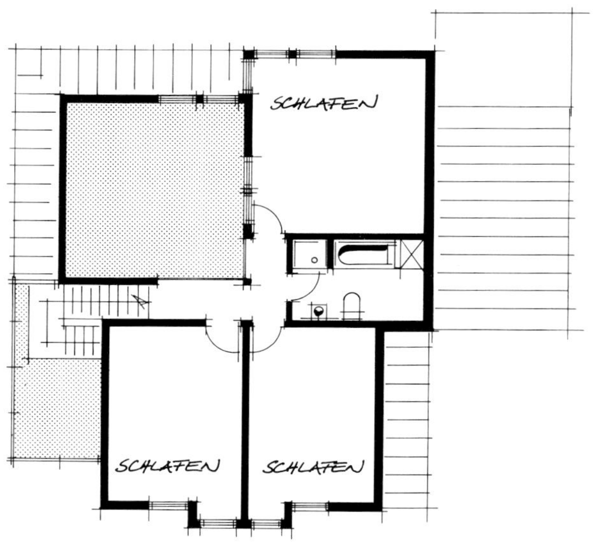

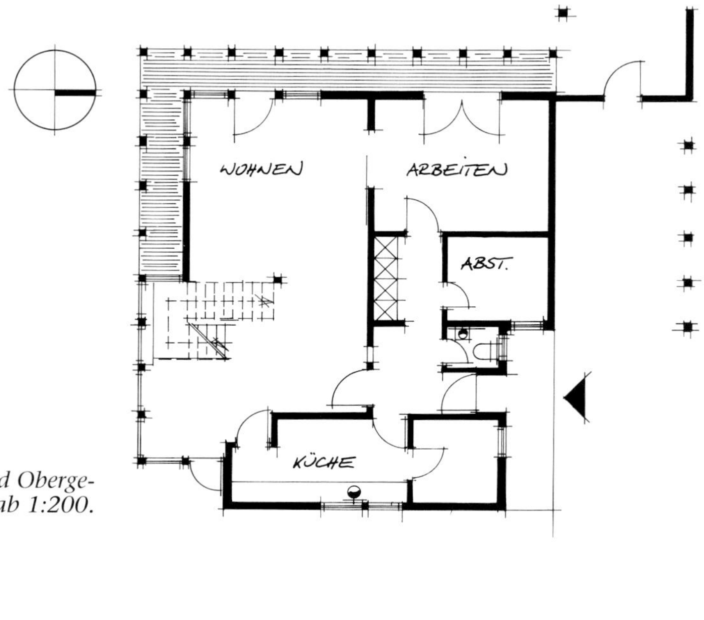

Grundrisse Erd- und Obergeschoß im Maßstab 1:200.

Ganz links: Die Ostfassade mit dem Erker für die Morgensonne im Schlafzimmer.
Links: Die Präsentationsskizze vermittelt den Raumeindruck im zweigeschossigen Wohntrakt.
Unten: Wintergarten und raumbildende Loggia vor dem Wohnraum.

Gebaut nach dem tradierten Konzept „einfach, aber nicht ärmlich"

Architekt: Professor Peter Berten, Berlin, Türkenfeld

Die Konzeption: Die Vorstellung, für minimale Anforderungen an Raum und technische Funktionen zu bauen, hat Tradition. Mit Riemerschmidt und Le Corbusier seien nur zwei große Vorbilder genannt. Im Vordergrund stand auch bei ihnen das bewußt einfache Bauen, ohne dabei den Eindruck des Provisorischen oder gar der Ärmlichkeit zu vermitteln und stets die Reduktion auf das Notwendigste. Diese Bedingungen sollten auch für dieses Haus gelten.

Entwurf und Konzeption nutzen einen Raster von 70 x 70 Zentimetern in Grundriß und Aufriß. Das Südfenster bildet diesen Grundriß im Maßstab 1:1 ab, damit wird das Haus in seiner Größe (Kleinheit) ablesbar. Die Scheunentore vor dem Südfenster mit transparenter Beplankung aus Lochblech schützen und trennen zwischen Innen und Außen, und im geöffneten Zustand bilden sie den Bühnenrahmen für Terrasse und Fassade. Beim Eintritt prägen insbesondere die hohe Zweigeschossigkeit und die auskragende Schlafgalerie das Raumerlebnis. Mit dem Außenraum - dem üppigen Blätterwald im Sommer, der grafischen Transparenz der Zweige im Winter - sucht der Innenraum die stete Kommunikation. Natürliche und künstliche Lichtführung betonen diesen Eindruck und lösen damit die engen Grenzen des kleinen Raumes auf. Das bewußte Sichtbarmachen von Konstruktionselementen, entwickelt aus funktionalen, konstruktiven und handwerksgerechten Anforderungen, fördert die Sinnfälligkeit der architektonischen Form, sie bilden geradezu die Ornamentik des Entwurfes.

Die Konstruktion: Das klassische amerikanische Holzbaumaß „two by four" (inches) gab die Anregung für das Tragwerk und wurde auf die einheimischen Normen der Holztafelbauweise übersetzt. Die 22 Zentimeter hohe Plattform schwebt als Bodenplatte über dem Gelände, gestützt auf Stahlstäbe, die in glasierte Tonrohre eingegossen und unter der Geländeoberfläche verankert wurden. Der Aufbau der Bodenplatte selbst ist mit der traditionellen Holzbalkendecke vergleichbar. Der Einsatz der Holztafelbauart erforderte, daß Vorfertigung, Transport und Montage auf die günstigen Abmessungen und Gewichte für die Handhabung ohne Hebezeuge auf der Baustelle abzustimmen war. Richtfest konnte am zweiten Montagetag gefeiert werden. Das Grundmodul aller Konstruktionselemente ist 6 x 12 Zentimeter. Zwischen den Riegeln und Ständern ist mineralisches Dämmmaterial eingebaut, auf den zwölf Millimeter dicken Sperrholztafeln ist über einer Windpappe auf horizontaler und vertikaler Konterlattung eine 22 Millimeter dicke Nut- und Federschalung als äußere Wetterschale montiert. Die Objekte der Naßräume hängen an einer Installationswand aus Fertigprodukten, wie sie sich in der trockenen Altbaumodernisierung bewährt haben.

Für alle konstruktiven Teile von Wänden und Decken wurde Fichte eingesetzt, für die Außenschale sägerauhe Lärche, ebenso gehobelt als Planken auf der Terrasse und als Rahmen für die Schiebetore. Fenster und Innentürkonstruktionen bestehen aus Oregon Pine. Alle Stahlteile sind aus Edelstahl, als solche sichtbar oder blau lackiert. Als Decken- und Wandverkleidungen und für die Regaltürme im Inneren wurde finnische Birke als Bausperrholz eingesetzt.

Der Energiehaushalt: Das 18 Grad geneigte Pultdach ist als traditionelles Warmdach konstruiert, ergänzt durch ein Gründachsystem, das zusätzlichen Schutz vor starker Kälte und Hitze bietet. Die Beheizung erfolgt durch einen holzbefeuerten Kaminofen, der bei Spitzenbedarf durch elektrische Konvektorplatten in Bad und Küche unterstützt werden kann. Die Fassade zu den Hauptwind- und Wetterrichtungen ist geschlossen, während die tiefstehende Wintersonne in das große Südfenster eindringen kann. Im Sommer schützt der dichte Blätterschirm vor zu großer Erwärmung.

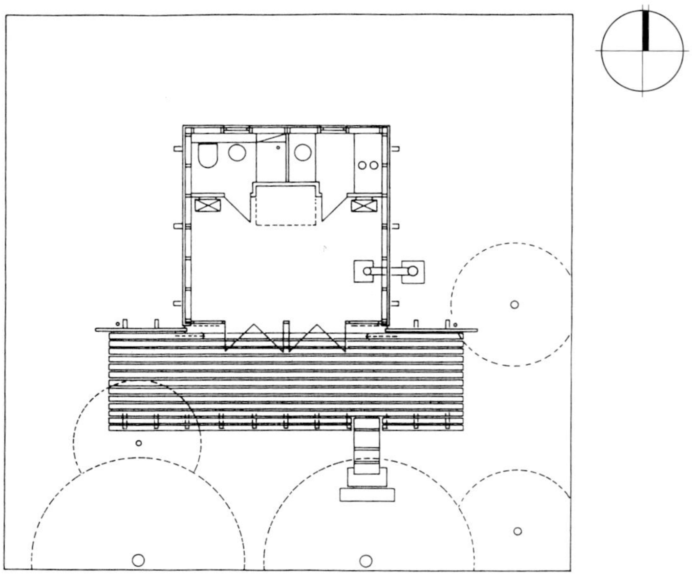

Grundriß der Wohnebene im Maßstab 1: 150

Die Gartenfassade, deren Fenstergröße der Grundfläche des Hauses entspricht.

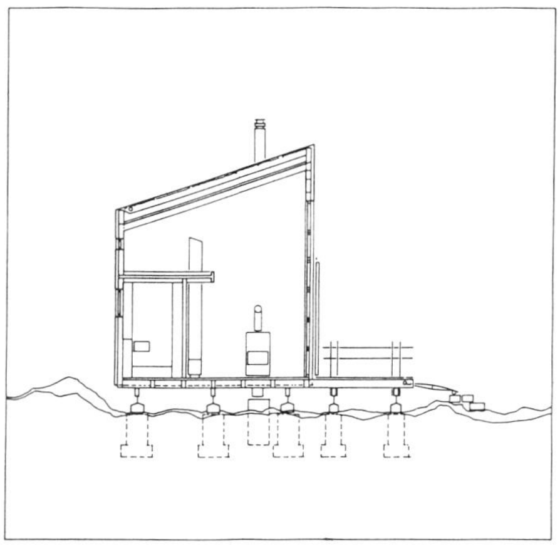

Links: Aufbau der Holztafeln auf der über dem Boden „schwebenden“ Unterkonstruktion. Rechts: Der Schnitt (o.M.) zeigt die Anordnung der Schlafebene auf der Galerie.

Links: Der Aufgang zur Schlafebene.
Rechts: Ein freundliches Gesicht zeigt die sonst sehr verschlossene Nordseite.
Unten: Ein üppiges Grasdach schafft Naturersatz für die vom Gebäude abgeriegelte Grünfläche.

Mit einladender Geste strecken sich die geöffneten Schiebeläden dem über das kleine Brückchen kommenden Besucher entgegen.

Ein vorgefertigtes Niedrigenergiehaus

Architekt: Walter Unterrainer, Feldkirch

Das Entwurfskonzept: Das Grundstück besticht durch seine Lage, einen Westhang mit freier Aussicht nach Süden und Westen. Auf diese topografische Situation antwortet der Entwurf. Es ist ein Niedrigenergiehaus, das kostengünstig und nach strengen bauökologischen Gesichtspunkten in Schnellbauweise errichtet werden sollte. Im Obergeschoß liegen die Wohnräume hinter der fast vollständig verglasten Süd- und Westfassade, die auch als effektvoller Energielieferant dient. Über den außenliegenden Sonnenschutz lassen sich Strahlungsintensität und Verschattung im Inneren gut regeln, so daß es trotz der großflächigen Sonneneinstrahlung nicht zu Überhitzungen kommt. Auf der Wohnebene befinden sich auch der Eingang, der über eine Lärchenholzbrücke erreicht wird und die große Sonnenterrasse mit separatem Zugang vom Eßplatz. Ein abgeteiltes Treppenhaus führt in das untere Schlafgeschoß, das bei veränderter Nutzung als eigene Wohnung abgeteilt werden kann. Das Haus verfügt über eine Gesamtwohnfläche von 130 Quadratmetern.

Die Bauweise: Es ist ein Schnellbauhaus. Über dem massiven Keller wurde in wenigen Tagen die fast vollständig vorgefertigte Holzelementkonstruktion aufgestellt und auf der Baustelle nur noch zusammengeschraubt. Das Kostendiktat zeigt sich auch in der einfachen Grundrißorganisation, die auf die preiswerte Elementbauweise hin konzipiert wurde. Die Außenwände bestehen aus einer äußeren Wetterschale, einem zwei Zentimeter starken finnischen Sperrholz, 16 Zentimetern Wärmedämmung, einer Dampfbremse, Heraklitplatten als Speichermasse und einer inneren, lackierten Dreischichtplatte. Interessant ist der Deckenaufbau. Preisgünstige Betonschalungsträger - für große Lasten ausgelegt - mit einer Höhe von 30 Zentimetern bilden die Tragstruktur, die eingeschobene Dämmung verhindert Körper- und Trittschallübertragung, als Bodenbelag dienen Holzdielen. Als besondere ökologische Aspekte seien noch der Kachelofen für die Holzbefeuerung im Wohnbereich und die Netzfreischaltung genannt, die sehr zur Verbesserung der Raumqualität beitragen kann.

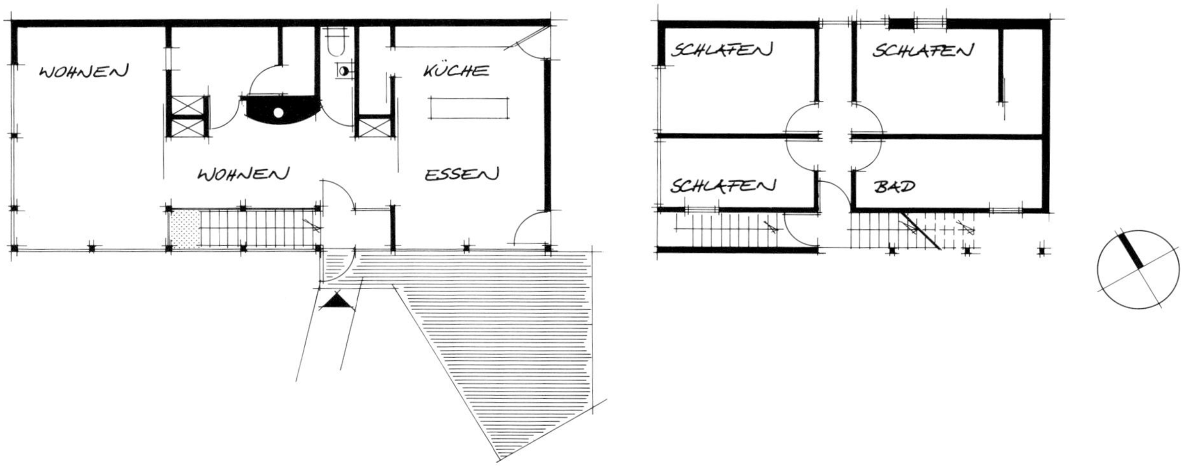

Grundrisse Erd- und Obergeschoß im Maßstab 1:200.

Oben: Aufbau der Rahmenkonstruktion zur Aufnahme der vorgefertigten Elemente.
Unten: Außenliegender Sonnenschutz verhindert eine zu starke Aufheizung der Wohn- und Schlafräume.

Oben: Bei starker Sonneneinstrahlung verwandelt sich die Fassade in leuchtendes Gelb.
Unten: Bei geöffneten Schiebefenstern reicht der Blick über die gesamte Grundrißtiefe.
Rechts: Der Blick in Gegenrichtung.

Holzmischbauweise

Architekt: Professor Rainer Hascher, Berlin

Experimentelles Modulbausystem in der Tradition der Klassischen Moderne

Architekten: Driendl + Steixner, Wien

Das Konzept: Solange, wie die Kreativität nicht eingeschränkt wird und auf jede Grundstückssituation sehr individuell eingegangen werden kann, spricht nichts gegen eine vorgefertigte Modulbauweise. Im Gegenteil: Die architektonische Qualität dieses Hauses - ein Prototyp - beweist es auf 180 Quadratmetern Wohnfläche.

Die Konstruktion: Das Haus wurde aus energetischen Überlegungen heraus in Mischbauweise konzipiert. Ein massiver Teil, der auch die Speicherfunktion übernimmt, fungiert als statisches Gefüge, eine leichte Stahl-Holz-Konstruktion bildet nach dem Prinzip der Materialoptimierung die Wandausfachungen. Sie bestehen aus Holzsandwichplatten mit Korkkern. Die Südfassade dient mit ihrer großen Verglasung der Energiegewinnung, wobei außenliegende Aluminiumlamellen vor zuviel Sonneneinstrahlung schützen und das Raumklima regeln lassen. Innenliegende bewegliche Dämmwände lassen sich als Wärmeschutz vor die Glasfassaden ziehen. Ein Erddach schützt im Sommer vor Aufheizung, im Winter ist es effizientes Wärmepolster. Auf diese Weise kann ein großer Teil der Wärmeenergie mit zusätzlichen Absorberflächen, die einen großen Wasserspeicher versorgen, gewonnen werden.

Die Materialien: Neben den gestalterischen Ansprüchen an die Materialien wurde besonderes Augenmerk auf die Baubiologie gelegt. Verwendet wurden nur natürliche Baustoffe: Holz, Stahl, Stein und Glas. Sie sind nicht nur frei von unerwünschten Nebenwirkungen, sie sind auch wartungsarm, altern angemessen, indem sie Patina ansetzen und bedürfen nur geringer Pflege, wodurch auch die Unterhaltskosten niedrig gehalten werden können.

Wichtig ist vor allem, daß dieses Bausystem flexibel ist, dabei aber alle Vorteile der Werksfertigung ausnutzt - Bauzeit etwa sechs Wochen -, ganz unterschiedliche Formen für Baukörper und Dach zuläßt und jede Fertighausgemütlichkeit vermeidet. Ein erfolgversprechendes Prinzip. Vor allem aber: gute Architektur.

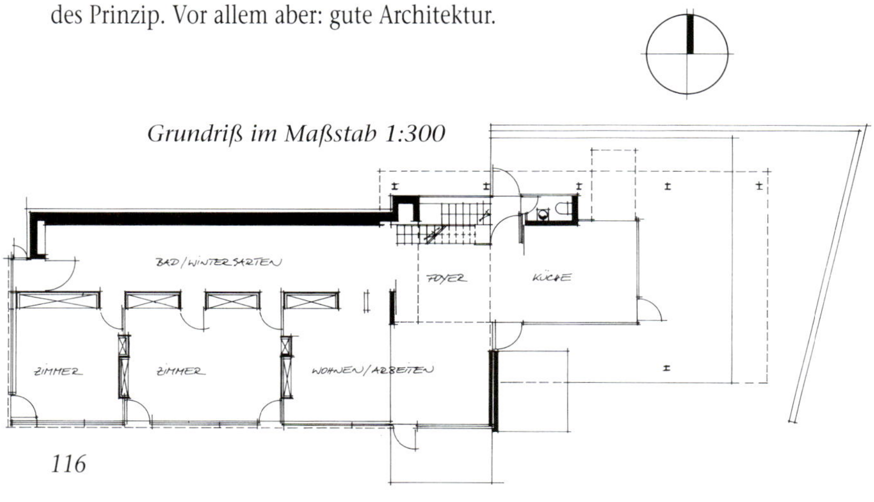

Grundriß im Maßstab 1:300

Holz, Stahl und Glas fügen sich zu einer avantgardistischen Raumplastik - ohne dabei die Werkstoffeigenschaften und ihre spezifische Ausstrahlung zu verleugnen.

Oben: Schlaf- und Wohntrakt werden optisch durch eine schlanke Betonstele getrennt.
Mitte: Die Kochzeile scheint im Glaskörper der Küche zu schweben.
Unten: Japanisch anmutende Schiebewände schützen vor fremden Blicken und der Sonne.
Rechts: Konsequenz des schlüssigen Materialeinsatzes: Die zu öffnenden Elemente bestehen aus fassadenhohen Holzplatten. Licht fällt ausreichend über die ganzgeschossige Verglasung ein.

Eleganz in Holz

Architekt: Professor Herbert Meyer-Sternberg, München

Das Entwurfskonzept: Die Anlage des Hauses antwortet auf die landschaftlich besonders schöne Grundstückssituation, eine herrliche Hanglage mit Blick auf den Pilsensee und das Gebirge. Im Inneren verwirklicht sie den Bauherrenwunsch nach einer großzügigen offenen Raumfolge im Erdgeschoß, dem Wohnbereich. Die freistehende Stahltreppe, von einem Oberlicht akzentuiert, bildet die Gebäudemitte, sie formt und begrenzt die einzelnen Nutzungsbereiche. Gleichzeitig verbindet sie funktional und atmosphärisch das Wohngeschoß mit dem gemeinsamen Freizeit- und Hobbybereich im Unter- und die Schlafräume im Dachgeschoß. Durch die freien Blickachsen trägt sie ganz wesentlich zur optisch-räumlichen Ausdehnung der einzelnen Ebenen bei.

Die Gesamtwohnfläche der Obergeschosse beträgt 190 Quadratmeter, der abtrennbare Wintergarten zusätzlich 29. Das Untergeschoß läßt sich eines Tages bei geringerem Raumbedarf als Einliegerwohnung abtrennen.

Die Konstruktion: Um auf dem instabilen Hang keine Gründungsrisiken einzugehen, wurde der Keller des etwa dreißig Jahre alten Vorgängerbaues in die Planung integriert. Der Neubau wurde dann leicht und möglichst setzungsunempfindlich ausgebildet. Das Traggerüst mißt 3,6 x 3,6 Meter und besteht aus Stahlrohrstützen mit Deckenbalken aus Brettschichtholz, Geschoßdecken aus Sperrholztafeln im Verbund mit einer sechs Zentimeter starken Stahlbetonplatte, die gleichzeitig als Horizontalaussteifung und Trittschalldämmung dient. Der Innenausbau erfolgte mit Gipskarton in Trockenbauweise. Alle konstruktiven Holzbauteile und die Fassade wurden weiß lasiert, maßhaltige Teile dagegen, wie Fenster und Türen, mit Naturfarben lackiert - sie lassen sich so besser reinigen.

Das Energiekonzept: Trotz der großflächigen Raumaufteilung sollte der Energiehaushalt möglichst wirtschaftlich bleiben. Sonnenkollektoren übernehmen daher die Erwärmung des Brauchwassers, überschüssige Energie kann dem Heizkreislauf zugeführt werden. Der Wintergarten und die großen, mit Schiebe- und Rolläden versehenen Glasflächen dienen der passiven Sonnenenergieausnutzung.

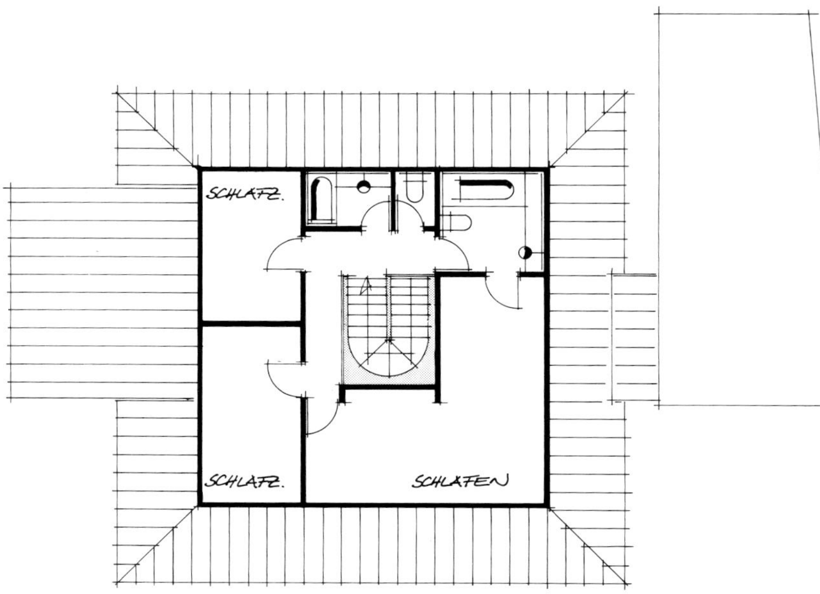

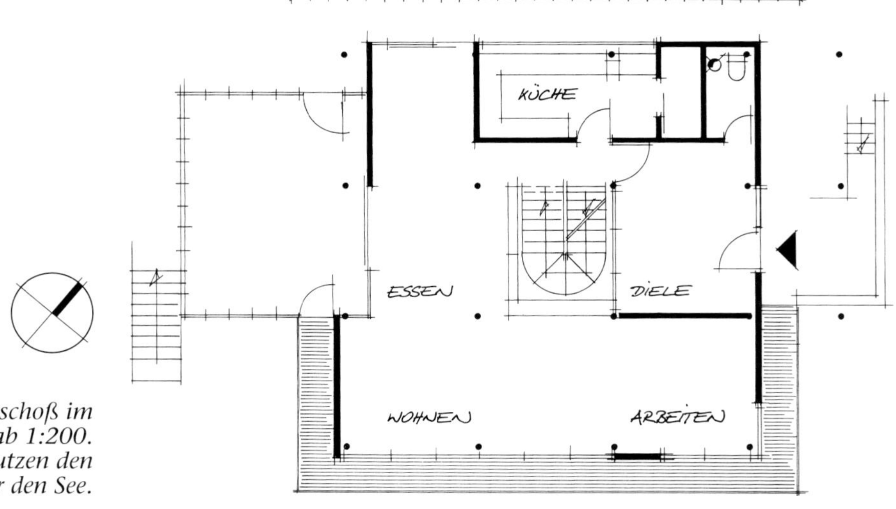

Grundrisse Erd- und Obergeschoß im Maßstab 1:200.
S. 121: Drei Geschosse nutzen den herrlichen Blick über den See.

Oben: Schlanke Stahlstützen und ein Raster aus Holzbalken bilden die Tragstruktur: optimale Ausnutzung der Materialeigenschaften.
Unten: Das weit gespannte Deckenraster unterstützt die großzügigen Blickachsen.
Links: Der weiße Farbton von Boden und Konstruktionsteilen verleiht dem Raum seine besondere Leichtigkeit und Transparenz.

Experiment und Tradition: Eine beispielhafte Verbindung

Architekten: Oxen + Römer, Köln

Das Entwurfskonzept: Die Erscheinungsform des Gebäudes sollte die drei wichtigen äußeren Parameter der Planung widerspiegeln. Das waren die städtebauliche Fortführung der in diesem Ort üblichen Gebäudeform, die formale Anlehnung an die benachbarten Fachwerkbauten mit ihren Holzfassaden und der eindrucksvolle Blickbezug ins Tal. Der Wunsch nach einer recht flexiblen Grundrißorganisation, nach einer Großzügigkeit, die die Lebensgewohnheiten einer vierköpfigen Familie umsetzt, waren die Vorgaben für das Innere des Gebäudes. Die Grundstücksgröße beträgt 723 Quadratmeter.

Der Grundriß: Der Eingangsbereich im Erdgeschoß wurde als ein großer Raum konzipiert, nur durch zwei eingestellte Wände gegliedert, die den Blickbezug über die ganze Haustiefe zulassen. Mittelpunkt ist die nach oben zur Galerie hin offene Halle, an die symmetrisch angeordnet Küche und Wohnraum angrenzen. Diese lassen sich durch Schiebeelemente abschließen oder zuschalten - ganz wie es die Bedürfnisse erfordern. Im Obergeschoß wird das Prinzip aufgenommen. Die räumliche Weite schafft hier die Galerie, von der aus die Schlafräume erschlossen werden. Die Gesamtwohnfläche beträgt 145 Quadratmeter.

Die Konstruktion: Modell und Baustellenfoto zeigen das Stahlskelett, das einer Industriehalle gleicht. Ein U-förmiges, in den Hang eingebautes „Rückgrat“ dient zur Auffangung des Erddruckes und der Aussteifung des Tragwerkes. Alle raumbildenden Elemente wurden in diese Primärkonstruktion hineingestellt. Die Sekundärkonstruktion ist aus Holz; sie bildet Dach und Fassade. Die einzelnen Elemente des Hauses wurden weitgehend vorgefertigt, um die Bauzeit kurz zu halten und Baufeuchtigkeit zu vermeiden (Wandaufbau: Stülpschalung aus Lärchenholz, Luftschicht, 12 cm Wärmedämmung, Dampfsperre, Sperrholzplatte, innere Gipskartonplatte). Das Ergebnis ist ein gelungenes Experiment im Sinne einer sinnvollen Materialkombination, die klare funktionale Zuordnungen zeigt. Vertrautes - wie das Fachwerk - wird übernommen, es erhält aber als minimierte Stahlkonstruktion eine zeitgemäße, eigenständige Erscheinungsform. Eine weitere Brücke zu den traditionellen Vorstellungen einer ländlichen Bauweise übernimmt zeichenhaft die Holzfassade. Der dritte formale Baustein ist die geputzte Wand zum Hang - in Fläche und Textur der Nachbarschaft angepaßt.

Dieses Haus will sich nicht darstellen, aber es gibt eine schlüssige Antwort, wie die Bauaufgabe Einfamilienhaus in ländlicher Umgebung ganzheitlich gelöst werden kann. Einen wichtigen Part bei dieser Lösung übernimmt der Werkstoff Holz.

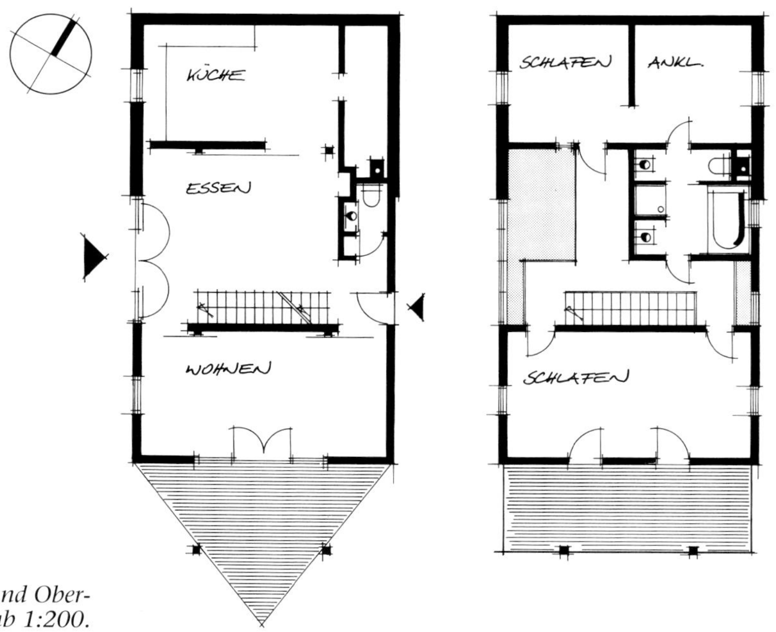

Grundrisse Erd- und Obergeschoß im Maßstab 1:200.

Oben: Ein Haus, das seine Materialien gemäß ihrer Funktion zeigt.
Unten links: Stahl übernimmt die Tragfunktion, Mauerwerk schließt das Gebäude nach Norden ab.
Unten rechts: Blick von der Galerie auf den Eingangs- und Eßbereich.

Ein Haus, das Gewohntes in Frage stellt - und überzeugt

Architekten: GPF & Assoziierte, Lörrach

Die Ausgangslage: Das Grundstück liegt in einer beschwichtigend als „Dorferweiterung“ apostrophierten neuen Einfamilienhaussiedlung, die allerdings auf dörfliches Gefüge oder Struktur keine Rücksicht nimmt - unterstützt durch die Bauvorschriften. Die Bauherren wünschten sich ein Haus mit einem großen Wintergarten. Der Grund waren ihre langjährigen Erfahrungen in den Tropen. Der Wintergarten sollte Erinnerungswerte und einen angemessenen subtropischen Ersatz bieten.

Das Planungskonzept: Mit dem Glashaus wurde das Ziel verfolgt, einen aktiven Erlebnisbereich für alle Hausbewohner zu schaffen, für Eltern, Kinder und Großvater. Da es gleichzeitig eine Art Energiezentrale darstellt, sollten alle Funktionen diesem Teil des Hauses angeschlossen sein. Das Ungewöhnliche nun ist die Einfachheit des Konzeptes. Es sind zwei Häuser unter einem Dach, aus Glas und Ziegeln, die voneinander (fast) unabhängig sind. Die Erschließung erfolgt über den Wintergarten. Im südlichen Haus befinden sich Wohnraum, Eßplatz und Küche (Erdgeschoß), im Obergeschoß Elternschlafzimmer und Bad. Im nördlichen dagegen Eingang, Hausarbeitsraum, WC und die Einliegerwohnung für den Großvater, im Obergeschoß die Kinderzimmer. Verbunden sind die beiden Häuser auf dieser Ebene durch eine Brücke, von der eine Treppe ins Erdgeschoß führt. Auf der West- und Ostseite verbinden zwei weitere Brücken, die außerhalb des Wintergartens laufen, die beiden Baukörper. Im Erdgeschoß dient diese Vorzone zur Aufnahme der Sonnen- und Sichtschutzelemente, der Klappläden.

Eine ganz besondere Bedeutung bei diesem „Generationenhaus“ kommt dem Glashaus, dem Energieraum, zu. Er trennt und verbindet die Wohn- und Lebensbereiche, ist gleichzeitig eigenständiger Ort, offen und geschützt zugleich - ein Zwischenraum mit ganz besonderen Qualitäten. Er läßt die Sonnenwärme erleben, die Kälte - das Glashaus ist nicht geheizt -, den prasselnden Regen und den Schnee. Zu den Erlebnissen der Natur kommt das Erleben des Gegenübers der Generationen, der Spiegelungen, Irritationen und Reflexionen. Die Verbindungen sind transparent und „brüchig“ (Steg aus Rosten), nicht im statischen, aber im haptischen Sinn. Jede Generation lebt eben doch getrennt voneinander, auch unter einem gemeinsamen Dach. Während die obere Ebene mit der Brücke auch die Sicht in die Landschaft zuläßt, läßt das Erdgeschoß auch die Verhüllung zu, der Wintergarten wird dann bei Bedarf zum inneren Außenraum, gleichzeitig auch zur Natur unter Glas, zu einem Schutzraum. Damit ist das Haus Abbild unserer Sehnsüchte: Die Generationen leben wieder unter einem Dach, in respektvoller Distanz - ein wenig geschützt vor dem Fallout der zivilisatorischen Unwägbarkeiten. Dieses Konzept stellt für den Einfamilienhausbau in vielerlei Hinsicht Neuland dar. Auch, weil es in idealer Weise die Werkstoffe Holz (Pfosten-Riegel-Konstruktion mit einem Grundraster von 1,25 Metern) und Stahl verbindet.

Links: Das gläserne Energiehaus verbindet die beiden Hausteile. Im Erdgeschoß schützen große Holzfaltelemente gegen unerwünschte Einsicht.
Unten: Feine grafische Netze schließen den Außenraum ab und schaffen einen kleinen mediativen „Stein"-Garten.

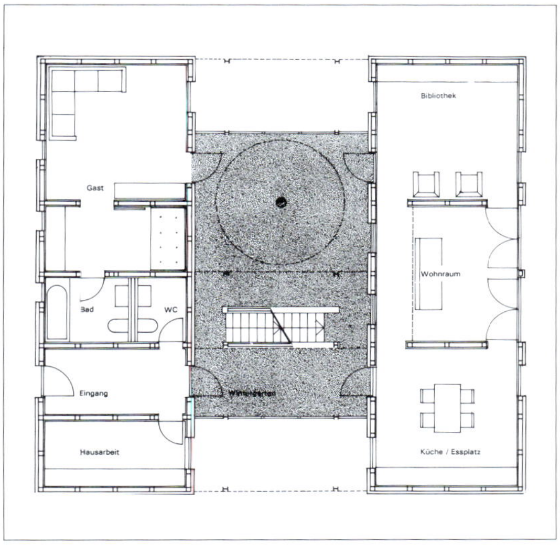

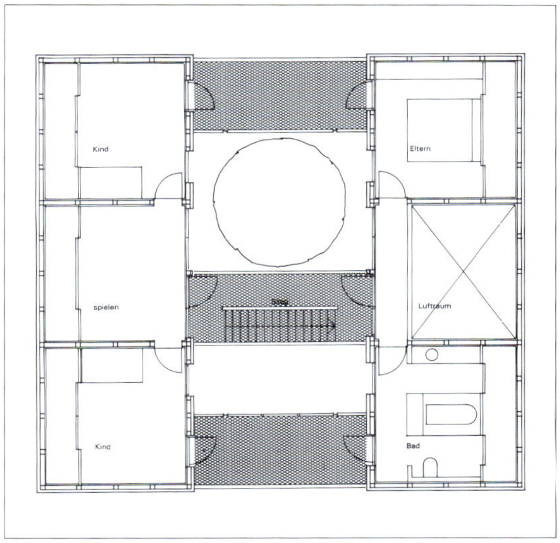

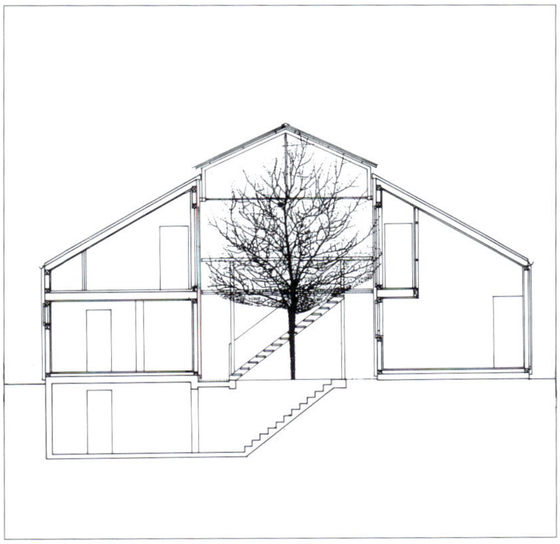

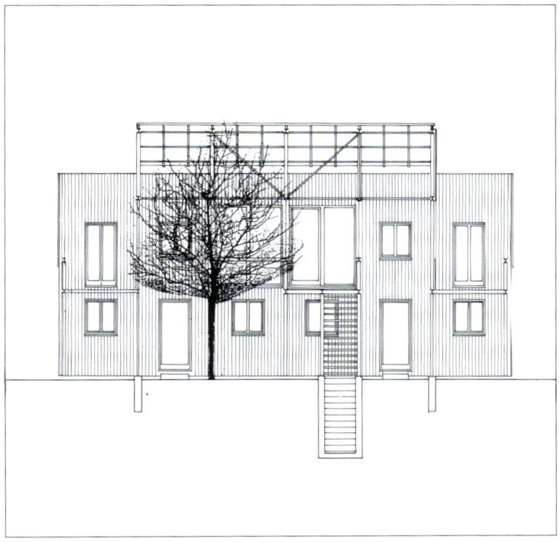

Links: Filigrane, transparente Brücken schaffen Verbindungen und trennen zugleich.
Oben: Grundrisse, Quer- und Längsschnitt (o. M.) (Originalgrafik des Architekten).
Unten: Zwei offene Anbauten - Pergola und Carport - schaffen flügelartig den Übergang von der gebauten Architektur zur gewachsenen Landschaft, die Außenanlagen werden noch angelegt.

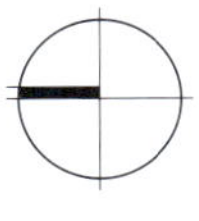

Reduktion auf das Wesentliche

Architekten: GPF & Assoziierte, Lörrach

Die Lage: Das Grundstück ist großzügig. Es liegt am Rande eines kleinen Dorfes, darf aber nur im Nordwesten bebaut werden, um das neue Haus nicht zu sehr aus dem Dorfzusammenhang abzusondern.

Auf diesem Grundstück wünschten sich die Bauherren ein Haus, das vielen Funktionen gerecht wird. Es sollte zwei Ateliers beherbergen, eines mit Fotolabor, das andere mit Modellier-, Brennraum und zusätzlichem Arbeitszimmer, dazu Kinderzimmer, die irgendwann zu einer Einliegerwohnung abgeteilt werden können.

Das Entwurfskonzept: Die sehr heterogenen Dachlandschaften des Markgräflerdorfes formen die Grundidee, das Konzept der „drei Häuser". Sie werden voneinander durch Betonwände getrennt und um einen Hof gruppiert. Dabei nutzen sie den Geländeversprung zur Abstufung der inneren Raumebenen, die sich wiederum in der unterschiedlichen Höhenentwicklung und der Dachneigung ablesen lassen.

Die Innenräume und ihre Verbindung sind davon bestimmt, daß stets der Weg um den Hof herum benutzt werden muß. Dieser schmale Flur, der bis zum Dachraum reicht, verknüpft alle Hausteile optisch miteinander. Die Treppen der einzelnen Häuser münden immer auf diesen Flur - auf den gemeinsamen Weg. Während sich die äußere Erscheinung des Hauses mit dem Kontext des Ortes beschäftigt - den Formen und Materialien, dem Holz -, ist das innere Bild von der Wirkung des Hofes bestimmt: Drei hohe selbständige Wände - sie wurden auch in einem Stück vorab gegossen -, an die sich drei (Holz)häuser anlehnen.Die harte Wand gibt der weichen Schale den Halt. Im Inneren des Hauses ist die Durchdringung der massiven Wände nicht spürbar, der Hof dagegen offenbart diese Idee in ganzer Härte und Klarheit. Hier zeigt das Haus seine beiden Gesichter - die jedoch nicht januskopfig sind, sondern doppelgesichtig im Sinne eines Angebotes. Auf der einen Seite ergänzen sich zwei Materialien in idealer Weise, aber über das rein Konstruktive hinaus bieten sie vor allem ganz unterschiedliche Eindrücke und Erfahrungswelten an. Dieser Dualismus macht die besondere Qualität des Hauses aus. Reduziert auf das Wesentliche werden hier zwei gegensätzliche Welten gezeigt, in denen es sich trefflich einrichten läßt.

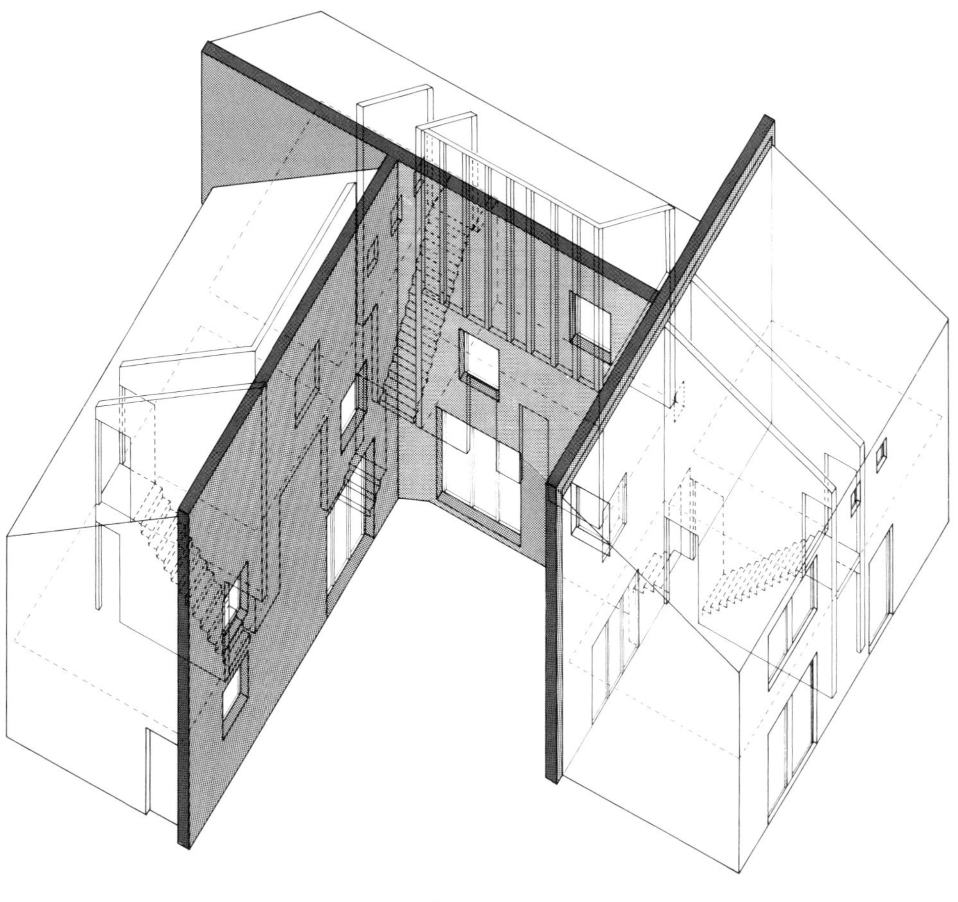

Die Isometrie verdeutlicht den Entwurfsgedanken: Drei haushohe Betonscheiben bilden das Rückgrat für die angelehnten Pultdachhäuser.

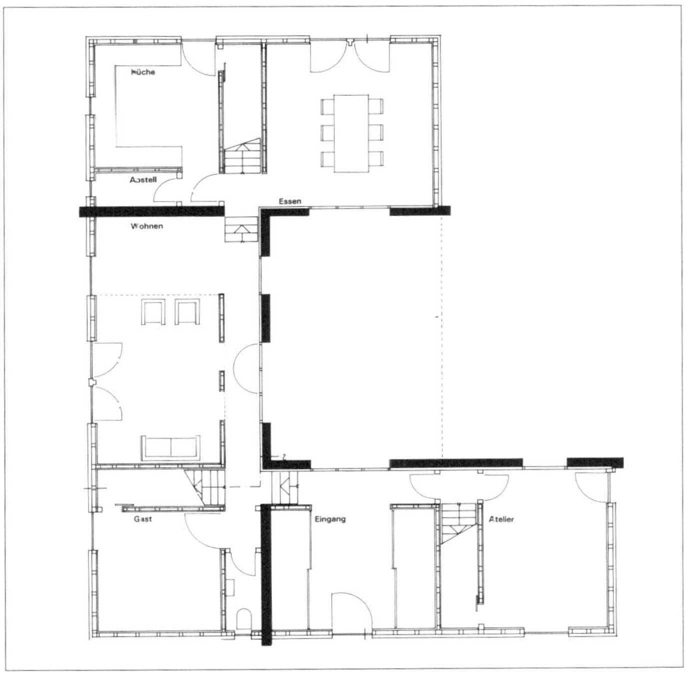

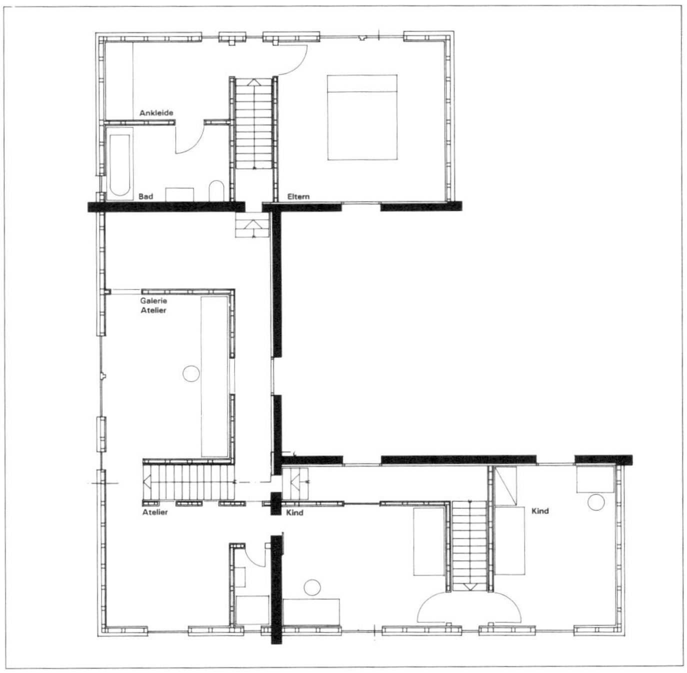

Die dunkle Holzlasur schafft die Angleichung der Fassaden an die Farbgebung des Ortsbildes. Der Innenhof dagegen stellt sich als strenger Betonbau dar.

Lichteinfall und Sonnenstand reflektieren im Inneren die Stimmung der Außenwelt. Unten rechts: Einen harten Kontrast schaffen die steil aufragenden Betonwände: Architektur pur!

Hier zeigt sich, wie ernst das Prinzip „Reduktion auf das Wesentliche“ genommen wurde.

Zeitgenössische Baukunst

Architektin: Silvia Gmür, Basel

Die Situation: Das Grundstück (2100 Quadratmeter) ist Teil einer historischen Parkanlage mit Gebäuden aus dem 17. und 18. Jahrhundert. Alte Kastanien begrenzen die Zugangsallee und den Französischen Park, ein barocker Musikpavillon bietet den Übergang zum Hauptkomplex des Ensembles.

Das Konzept: Als Antwort auf diese architektonisch so außerordentlich qualitätsvolle Situation nimmt das Haus die Form eines Gartenpavillons an, abgehoben vom Rasenteppich, umrahmt von alten Bäumen. Es ist nicht nur Objekt, sondern definiert einen eigenen Ort, eine innere Welt, die den Kontext der historischen Anlage mit einbezieht. Dieser verlangt nach einer Gebäudehülle ohne Grenzen zwischen Innen und Außen. Die durchgehende Struktur und Proportionierung von Konstruktion und Verkleidung ordnen gleichermaßen die inneren und äußeren Fassaden. Die strenge Geometrie kontrastiert mit der stimmungsvollen Umgebung. Im Licht- und Schattenspiel der Bäume wird der Verlauf der Sonne durch die Bandfenster wahrgenommen. Das Haus wird zum Gefäß des sich verändernden Lichteinfalls.

Grundriß und Konstruktion: Beim Betrachten dieses Hauses werden viele Erinnerungen an die Ikonen der modernen Baukunst wach - fest machen lassen sie sich nicht. Zu eigenständig sind konstruktives Prinzip, Formensprache und Detaillierung. Aber sollte man ein Haus benennen, das im besten Sinne zeitgenössisch, modern ist, dann ist es dieses.

Zur angrenzenden Straße nach Norden bildet eine massive Wand das Rückgrat der Tragstruktur, ergänzt durch wenige Stützen, zwei weitere Wände und die U-Form des Bades. Daran lehnt sich die raumabschließende Holzkonstruktion. Diese bildet in ihrer Schichtung das Grundrißprinzip der Zonierung in beiden Geschossen ab. Ihr Aufbau besteht - von außen nach innen - aus: Dreischichtplatten (Fichte und Tanne, die Horizontalfugen werden mit Alu-Wetterschenkel-Profilen abgedeckt), einem Holzständerwerk aus Brettschichtholz mit einer Ausfachung aus zwölf Zentimeter starken Holzfaser-Wärmedämmplatten. Darauf liegen Winddichtung, Lattung, Gipskartonplatten und ein glatter strenger Weißputz. Die Innenwände sind ebenfalls geputzt oder bestehen aus durchgehenden Birken-Sperrholzplatten. Im Kontrast dazu steht der Bodenbelag aus Kunststeinplatten.

Die gestaffelten Grundrißzonen - Wohnen, Halle, Einzelräume im Erdgeschoß - öffnen sich großflächig nach Süden zum Parkgarten. Die Halle reicht über beide Geschosse, an die rückwärtig im Obergeschoß die Flucht aus Bibliothek, Bad und Schlafzimmer grenzt (Gesamtwohnfläche 220 Quadratmeter).

Eine lineare, auf das Minimum beschränkte Detaillierung bestimmt nüchtern markant das Innere des Hauses. Und doch entwickelt sich vor dem Hintergrund dieser formalen Strenge eine einladende Heiterkeit, die ihren Anstoß immer wieder neu durch das Spiel des Lichtes auf den unterschiedlich strukturierten Flächen erfährt. Hier fällt auch dem Holz eine dominierende Rolle zu - so ungewohnt überraschend und gekonnt sein Materialeinsatz auch erfolgt ist.

Grundrisse Erd- und Obergeschoß im Maßstab 1:300.

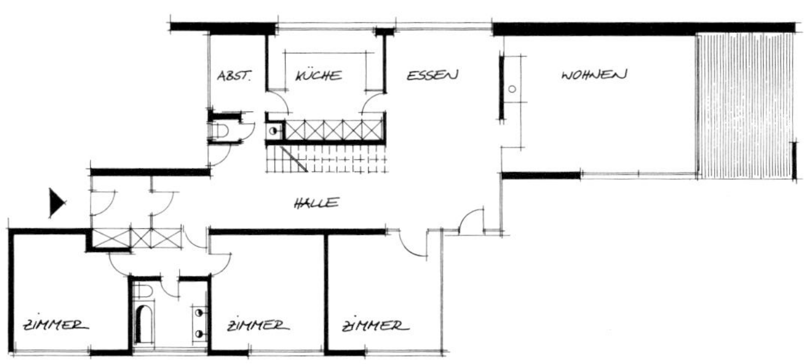

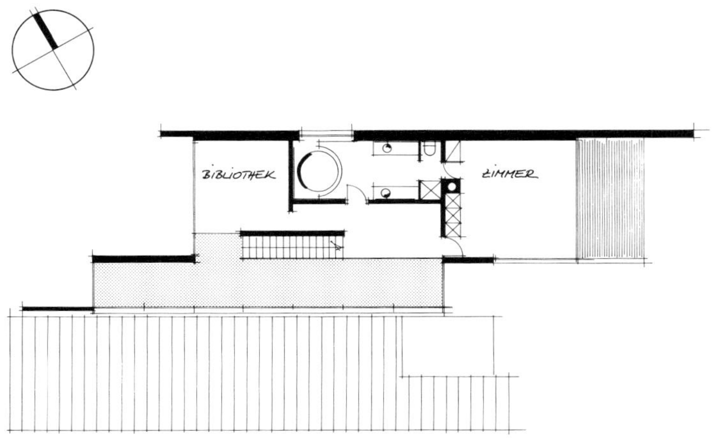

Oben: Sehr zurückhaltend stellt sich die Südfassade dar.
Links: Innen wurden die Sperrholztafeln sichtbar belassen. Sie kontrastieren mit der intensiven Farbgebung.
Rechts unten: Pergola und Vordächer bieten den nötigen Sonnenschutz. Sie verleihen dem Gebäude eine spielerische Leichtigkeit.

Oben: Der Blick in das Erdgeschoß.
Rechts: Zart wie ein Architekturmodell steht das Holzhaus in dem alten Park.
Das feine Linienwerk der Fassadengliederung unterstreicht diesen Eindruck noch.

Wohnhaus bei Graz

Überzeugender Dialog mit der Tradition

Architekten: Wolfgang Feyferlik, Graz

Die Situation: Der eine Schenkel eines alten, u-förmigen Dreiseithofes sollte zu Wohnzwecken umgebaut werden. Da aber die schlechte Bausubstanz einen Umbau nicht zuließ, mußte neu gebaut werden. Dabei sollten Anlage und Maßstäblichkeit des traditionellen Hofes nicht verändert werden.

Das Konzept: Eine konstruktive Großform aus Beton nimmt das alte Gebäude in seinen Maßen auf. Innerhalb dieser Umrißstruktur sollte die neue Nutzung deutlich erkennbar sein - die Bewohner sind keine Bauern mehr, sondern Städter -, ein ländliches Bauen im traditionellen Sinn kam deshalb nicht in Frage. Diesen neuen Gebäudeinhalt adäquat im historischen Kontext zu formulieren, war die eigentlich interessante Planungsaufgabe.

Unter dem Satteldach wird das Wohnen in den beiden Geschossen organisiert. Wie zwei übereinander abgestellte Container - in sich geschlossen - stehen die Wohnebenen übereinander. Unten der große Wohn-, Eß- und Küchenbereich, oben zwei Schlafräume und das Bad. Die ruhige ländliche Lage des 3500 Quadratmeter großen Grundstücks erforderte eine direkte Orientierung nach Außen. Der Wohnbereich wurde zusätzlich um 45 Zentimeter abgesenkt (Sitzhöhe), um die Erlebbarkeit der Natur noch auszuweiten. Die rahmenlose Verglasung der großen Scheiben sollte dieses Gefühl noch steigern.

Die Konstruktion: Auch wenn der tragkonstruktive Rahmen aus Beton erstellt wurde, so sind die beiden Wohngeschosse doch reine Holzkonstruktionen (Ständerwerk, Dämmung, Hinterlüftung und Beplankung). Auf eine innenliegende Dampfbremse wurde verzichtet. Diese konstruktive Reduktion bedingt aber ein entsprechendes Nutzerverhalten (Vermeidung von Feuchtigkeit durch Luftaustausch). Es ist ein kostengünstiges Experiment, das aufgrund der einfachen Wandaufbauten kontrollierbar und gegebenenfalls auch veränderbar ist. Optimale Dämmwerte von Decken und Wänden und eine Ausrichtung des Gebäudes mit großen Glasflächen nach Südwesten nutzen die solare Energiegewinnung, die durch das Verlegen von gläsernen Dachziegeln noch verstärkt wird - neben einer gelungenen ästhetischen Wirkung. Dieses Haus ist ein eindrucksvoller Beleg dafür, daß formale Bindungen - und besonders solche, die wie das Satteldach so verpönt sind - ganz besondere Herausforderungen darstellen, denen auch mit überzeugenden, zeitgenössischen architektonischen Lösungen begegnet werden kann.

Grundrisse Erd- und Obergeschoß der Hausanlage im Maßstab 1:300.

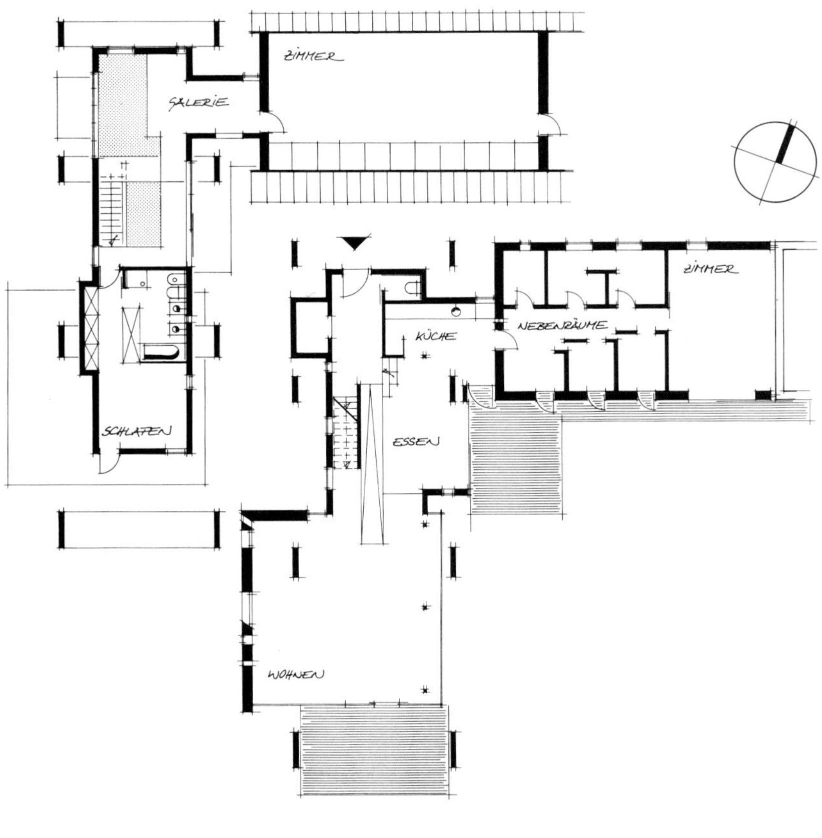

Die gläsernen Ziegel - ohne jede Wärmedämmung - zeigen, daß hier das Dach nur eine schützende Funktion gegen Regen und Schnee hat.

Oben und unten: Die Fassade wurde als bewegliches Schiebeelement ausgebildet - nahtloser Übergang in den Garten.
Rechts: Die tragenden Betonelemente wurden unbehandelt gelassen. Sie bilden einen reizvollen Kontrast zu den glatten Oberflächen aus Holz und Putz.

Wohnhaus in Zeihen, Aargau

Ein elegantes Holzhaus am Hang

Architekten: Furrer + Tschanz, Bern

Die Bauaufgabe: Das Gebäude für zwei Personen, das die nicht sehr einfache Hanglage nutzt, sollte ein Holzhaus sein und über eine große Küche mit einem einladenden Eßplatz für Gäste verfügen. Das waren die Wunschvorstellungen der Bauherren.

Das Entwurfskonzept: Das Volumen des Gebäudes betont mit dem weit ausladenden Untergeschoß und den additiv aufgereihten Räumen die Hangsituation. Im Gegensatz zur Bewegungsrichtung im Haus selbst wurde die Lichtführung rechtwinklig dazu angeordnet. Auf der ganzen Länge des schiffsähnlichen Körpers sind Öffnungen angebracht, die sowohl das Eindringen des Lichtes betonen als auch beim Hinaussehen die Vorzüge der Hanglage dramatisieren. Diese betonte Abfolge macht das Haus unverwechselbar. Die öffentlichen Bereiche - Eingang, Wohn-Eßräume und Veranda - haben den direkten Erschließungszugang, die privaten Schlaf- und Arbeitszimmer bilden das Untergeschoß. Beide Ebenen bieten eine Wohnfläche von zusammen 145 Quadratmetern.

Die Konstruktion: Die Hangrückwand und die Wände der seitlich angeordneten Nebenräume bestehen aus Beton und dienen als hofartiges Fundament für die zweigeschossige Holzkonstruktion. Die vorfabrizierten Elementwände aus Ständern, Wärmedämmung und Sperrholzplatten wurden an die Baustelle geliefert, dort zusammengeschraubt und außen mit der Horizontalschalung beplankt. Auch die Geschoßdecke ist ein vorgefertiges Element, das stützenfrei über die ganze Hausbreite trägt. Ein weißer Anstrich innen und außen nimmt dem Holz seine „Bodenständigkeit" und bietet zusammen mit der sorgfältigen Detaillierung der Fassade eine interessante Variante, die zeigt, welch großen Gestaltungsspielraum der Werkstoff Holz formal und funktional bietet.

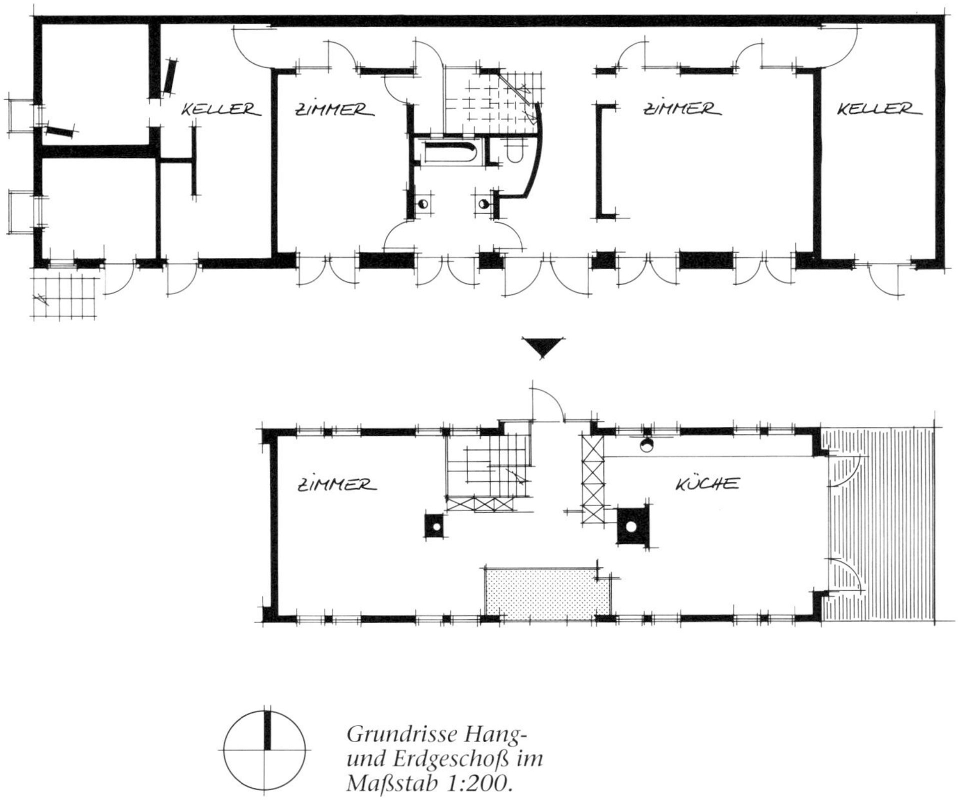

Grundrisse Hang- und Erdgeschoß im Maßstab 1:200.

Oben: Zur Gartenseite zeigt das Haus seine beiden Vollgeschosse. Der Sockel besteht aus Beton, das Erdgeschoß ist aus Holz. Unten: Der große Küchen- und Wohnbereich. Rechts: Erste Entwurfsskizze des nach klassischen Proportionen angelegten Hauses. Die Strenge des Baukörpers wird allerdings durch die Hangsituation aufgehoben.

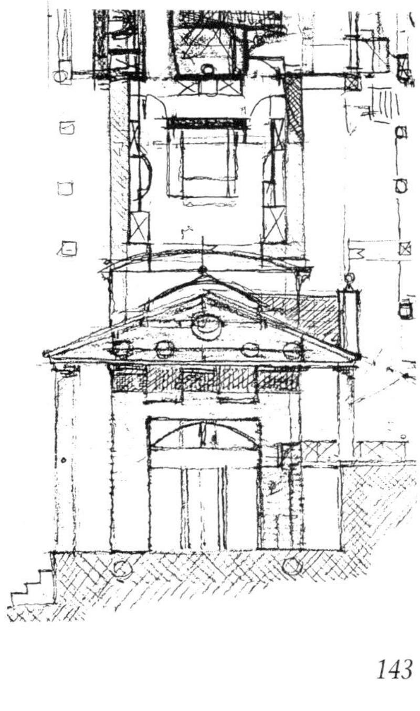

Oben: Der weite Durchblick zeigt die Großzügigkeit des Erdgeschosses. Die Holzdecke ist weiß lackiert und schafft zusammen mit dem Oberlicht eine helle und heitere Atmosphäre, die auch von der Reflexion des warmen Holzbodentones lebt.
Rechts: Durchblick über den Galerieausschnitt des Hanggeschosses in den Garten.

Fortführung der regionalen Bautradition mit zeitgenössischem Anspruch

Architekt: Helmut Dietrich, Schwarzach

Das Entwurfskonzept: Die Aufgabenstellung hieß Neubau eines Wohnhauses an der Stelle eines Bauernhauses, das wegen seines desolaten Zustandes abgebrochen werden mußte. Es sollte ein klares, prägnantes Haus sein, das in der Lage ist, durch seinen Standort und seine Architektur zwischen den traditionellen, älteren Bauernhäusern und neuen kleinen Einfamilienhäusern formal zu vermitteln. Der bestehende Wirtschaftsteil im Erdgeschoß des Altbaues wurde saniert - ein Keller war nicht vorhanden -, entkernt, neu gegliedert und als Serviceebene mit gedecktem Zugang, Treppe, Arbeitszimmer, Neben- und Vorratsräumen und Garage eingerichtet. Großes Augenmerk wurde bei der Planung auf die Anpassungsfähigkeit des Hauses an sich verändernde Familienstrukturen gelegt, so daß die Räume im Erdgeschoß sowohl als Büro, Kinderzimmer oder auch als separate Wohnung mit eigenem Zugang genutzt werden können. Das obere Wohngeschoß ist in zwei quadratische Tag- und Nachtzonen aufgeteilt, die durch den eingeschobenen Treppen- und Wintergartenblock voneinander getrennt sind. Die Dachkonstruktion ist als verbindendes Element im gesamten Obergeschoß sichtbar. Die Gesamtwohnfläche beträgt 157 Quadratmeter.

Der symmetrische Baukörper besticht durch seine Einfachheit. Die Anordnung der Fensteröffnungen läßt sowohl die Funktionen des Hauses ablesen, als sie auch dem Betrachter ein spannungsvolles grafisches Gefüge bietet, das sich in Form und Material gut neben den historischen Gebäuden des Ortes behaupten kann. Die Fassaden wurden senkrecht verschalt und naturfarben belassen. Sie werden sich mit der Zeit den alten Häusern anpassen. Das hellgraue Eternitdach und die rot gestrichenen Zinkverblechungen, Balkone und Stahlsäulen schaffen einen heiteren Kontrast zu den hellen Holzflächen. Auch im oberen Wohngeschoß wurde die Holzkonstruktion sichtbar belassen, die Wandverschalung und die Fußböden sind aus Fichte, dagegen steht als modernes Element die Möblierung in Ahorn, mit weißen Lackoberflächen und Stahldetails.

Die Konstruktion: Das Erdgeschoß ist ein massiver Ziegelbau, darüber erhebt sich das Fichtenholzskelett aus Leimholzbindern. Treppen und Balkone sind leichte Stahlkonstruktionen, die mit Holz belegt wurden. Aufgrund der guten Dämmwerte und der Nutzung der passiven Sonnenenergie wurde das Haus als Energiesparhaus eingestuft und mit besonderen Fördermitteln bedacht.

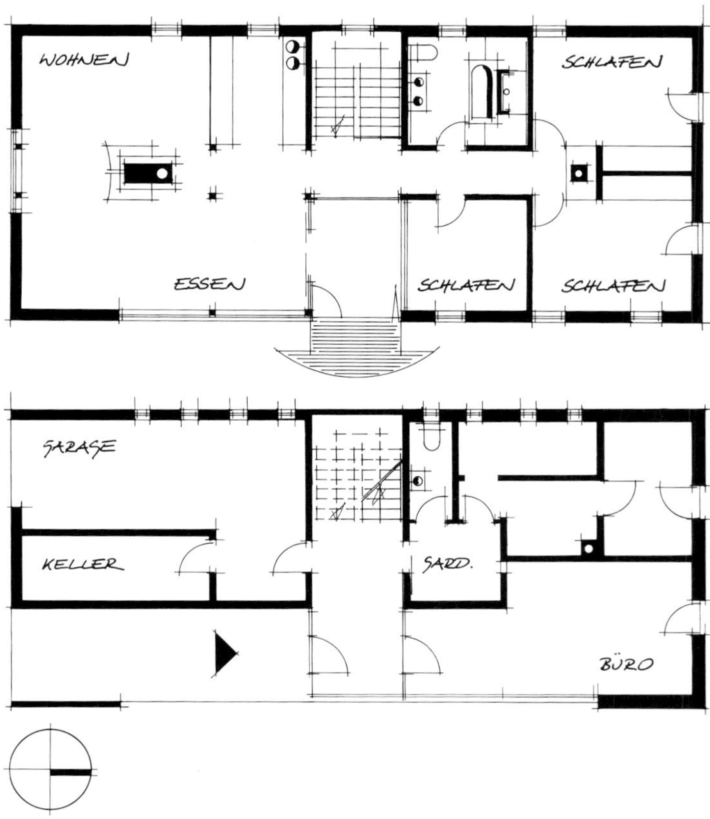

Grundrisse Erd- und Obergeschoß im Maßstab 1:200.

Links oben: In Holz wäre ein solcher Balkon in dieser Leichtigkeit nicht zu machen gewesen - das ist der Vorteil von Mischkonstruktionen aus Holz und Stahl.
Links unten: Das Studio im Obergeschoß.
Rechts unten: Aus der Ferne hat das Haus aber die vertrauten Konturen der regionalen Architektur.
Unten: Fassade und Details zeigen eine zeitgemäße Formensprache.

Ergänzung eines Hauses aus den dreißiger Jahren

Architekten: Karin Bily und Paul Katzberger, Perchtoldsdorf

Das Entwurfskonzept: Auf einem kleinen Grundstück von nur 400 Quadratmetern sollte im Anschluß an ein Wohnhaus aus den dreißiger Jahren ein Einfamilienhaus mit Einliegerwohnung entstehen - und das in sehr kurzer Bauzeit - mit Eigenleistungsanteil der Bauherren (fast 20 %) und unter baubiologischen Gesichtspunkten.

Da die West- und Ostseite des Grundstücks stark verschattet ist, wurde der Grundriß mit seinen großen Öffnungsflächen ganz nach Süden orientiert. Neutrale Sonnenschutzverglasungen schützen ohne weitere Verschattungsmaßnahmen vor zu großer Überhitzung der Innenräume. Aufgrund der kleinen Grundfläche müssen freie Raumfigurationen, die durch Schiebewände zu abgeschlossenen Bereichen gefügt oder getrennt werden können, für einen großzügigen Raumeindruck sorgen. Lange Blickachsen über die Diagonale stützen das Konzept und lassen das Haus „über sich selbst hinauswachsen".

Die Materialwahl Holz ergab sich zwingend durch die kurze Bauzeit. Gefordert waren schnelle Trocknung der notwendigen massiven Bauteile - Ziegelmauerwerk und -decken als Speichermasse - und kurze Montagezeiten für die verkleidenden Fassaden und das Dachgeschoß, das ganz in Holz als Skelettkonstruktion erstellt wurde. Der Wandaufbau ist eine Mischkonstruktion aus Ziegeln, acht Zentimetern Wärmedämmung und einer hinterlüfteten Lärchenholzschalung, mit Eichenholzdielen als Bodenbelag. Durch umfangreiche Dämmaßnahmen und die Nutzung der solaren Energie über die Südfassaden besteht wenig Zusatzbedarf, der in der Übergangszeit durch Verfeuern von Biomasse, vornehmlich Holz, in einem speziellen Specksteinofen geleistet wird; die Spitzen deckt die Ölheizung ab. Das Haus mit einer Wohnfläche von 135 und einer separaten Einliegerwohnung von 35 Quadratmetern konnte nach nur sieben Monaten Bauzeit bezogen werden.

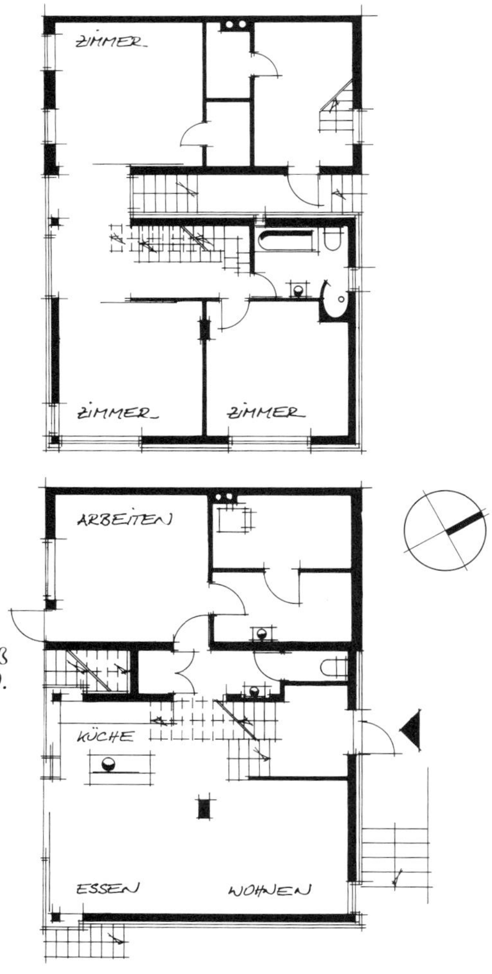

Grundrisse Erd- und Obergeschoß im Maßstab 1:200.

Oben links: Beim ersten Betrachten stellt sich die Fassade recht schroff dar. Ihr Reiz enthüllt sich im Detail: Ein feines Linienspiel der Schalung, der Schattenwurf, das Nagelbild und die Fassadengrafik mit den Fensterausschnitten haben eine kunstvolle Ausstrahlung.
Oben rechts: Auf der Gartenseite besticht die Eleganz, die an die Bauten der klassischen Moderne anknüpft - und dennoch völlig eigenständig ist.
Unten links: Das Raumerlebnis und einfache, stimmige Details zeichnen das Innere aus.

Es geht auch anders: Ein Reihenhaus aus Holz

Architekten: Büro 4, Stefan Wagner + Franz Wanner, Dietersheim

Die Lage: Gute Architektur kommt in Neubauvierteln meist zu spät und kann nur noch wenig bewirken, aber vielleicht regt sie ja so manchen Nachbarn später dann zum Umbauen an. Dieses Haus könnte eine solche Funktion haben. Es steht in einem neu angelegten Baugebiet bei München, das unter dem Aspekt des flächen- und kostensparenden Bauens geplant wurde. Als Endhaus schließt es eine Zeile ab, die von vier verschiedenen Architekten geplant wurde.

Das Konzept: Es ist ein wachsendes Haus, mit den Wohnräumen, Küche, Eßplatz und Wintergarten im Erdgeschoß - hier mußte gemäß Bebauungsplan auch die Garage untergebracht werden -, drei Schlafzimmern im Obergeschoß und einem Dachgeschoß, das für den Ausbau vorgerichtet ist. Auf kleinem Grundstück (264 Quadratmeter) entstanden so 121 Quadratmeter Wohnraum auf drei Ebenen. Das können andere Reihenhäuser auch. Aber dieses geht mit seinen sparsam eingesetzten Gestaltungsmitteln weit über das Normale hinaus, auch technisch. Es wurde weitgehend vorgefertigt, in sehr kurzer Zeit erstellt, war kostengünstig durch viel Eigenleistung und mit einigen interessanten konstruktiven Ansätzen versehen. Es ist ein einfacher Holzständerbau aus Leimholz, die Gefache wurden ausgemauert und mit zusätzlicher Wärmedämmung versehen. Es ist eine materialgerechte Bauweise, bei der das Holz die tragende und wetterschützende Funktion übernimmt (äußere Schalung), der Ziegel die nötige Speichermasse und den Schallschutz. Im Grundrißzentrum gibt es einen Kachelofen, der seine Überwärme in das Zentralheizungssystem einspeist - ein kleiner Trick, um Energie zu sparen. Das nüchtern-sparsame Erscheinungsbild der Holzfassade wird nur durch wenige Zusatzdetails wie die tragenden Fensterlisenen, die rhythmische Anordnung der Fenster und die freundliche Farbgebung aufgelöst. Kosten- und flächensparendes Bauen muß nicht immer nur Minimalansprüchen genügen; um gut zu sein, muß es nur gut geplant sein. Und das können engagierte Architekten besser als die Baugesellschaften mit ihren Schubladenentwürfen. Dieses Haus zeigt es.

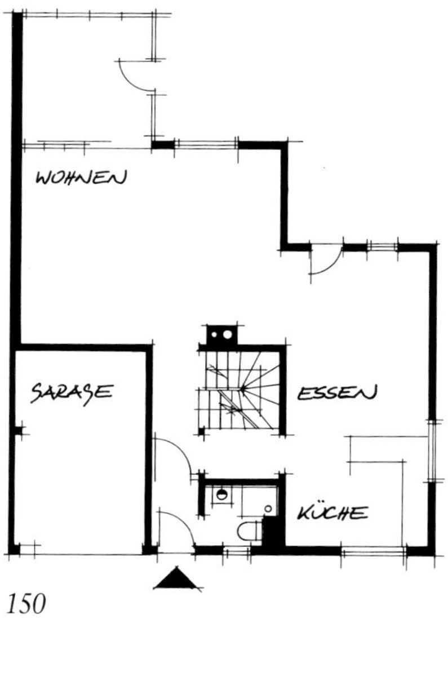

Grundrisse Erd-, Ober- und Dachgeschoß im Maßstab 1:200.

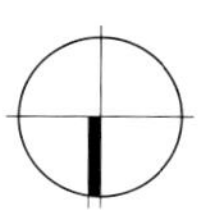

Kleine architektonische Gesten - aber wie wirkungsvoll! - heben diese Fassade wohltuend aus dem Einerlei der Reihenhausgestaltung heraus.

Rechts: Küche und Eßplatz bilden den kleinen Anbau.
Unten: Gartenhaus und Zaun fassen die Grundstücksanlage überzeugend zusammen.
Links: Die Verbindung aus Holz und Stahl schafft schlanke Materialquerschnitte.

Bescheidenheit als Prinzip

Architekten: Professor H. Pfeiffer, Ch. Ellermann und Partner, Lüdinghausen, Berlin

Die Lage: Das Haus hat keinen bevorzugten Standort, im Gegenteil, es steht in einer typischen Neubausiedlung, in der sich die Häuser gegenseitig übertrumpfen wollen. Mit solchen Standortvorgaben kann man sich nur arrangieren, wenn die Planung des eigenen Hauses aus dieser Welt ausbricht.

Das Entwurfskonzept: Es sollte vor allem ein bescheidenes Haus werden, zurückhaltend in der Formensprache, ökologisch vertretbar, sehr kostengünstig und so geplant, daß die Bewohner einen großen Anteil der Bauleistungen selber erbringen können. Der Grundriß verzichtet daher aus Kostengründen auf jede überflüssige Fläche, ein Keller wurde eingespart und die Konstruktion so einfach geplant, mit klaren Materialvorgaben - alle biologisch einwandfrei bis zu den Geräten und Anstrichen -, daß die Bauherren ihr Haus praktisch selber errichten konnten. Der Grundriß ist spartanisch, auch wenn er im Erdgeschoß allein sieben Räume vorsieht. Sie schaffen aber eine sinnvolle Nutzungsvielfalt auf kleinem Raum: hier wird gewohnt, gekocht, gegessen, es gibt einen zusätzlichen Arbeits- und Hauswirtschaftsraum, eine Abstellkammer und ein Gäste-WC. Der kleine gläserne Vorbau erfüllt gleich mehrere Funktionen: er ist Diele, Windfang, „Wärmefalle" und kleiner geschützter Sitzplatz für die ersten und letzten Sonnentage des Jahres. Im Obergeschoß schafft ein hoher Drempel nicht nur gute Proportionen für die Fassade, er läßt das Dachgeschoß auch besonders gut nutzen, da der Anteil schräger Wände auf diese Weise geringer ist. Hier wurden nach Norden das Schlafzimmer mit geräumigem Bad und nach Osten ein weiteres Arbeitszimmer angeordnet. Eine Galerie, die mehr ist als nur notwendige Gangfläche - dafür sorgt der gläserne Dachreiter - schafft zwei unterschiedliche Zonen unter dem Dach. Schön, wenn ein Haus eine solche Selbstverständlichkeit ausstrahlt, sich nicht aufdringlich ambitioniert gibt und gerade deshalb so überzeugend wirkt.

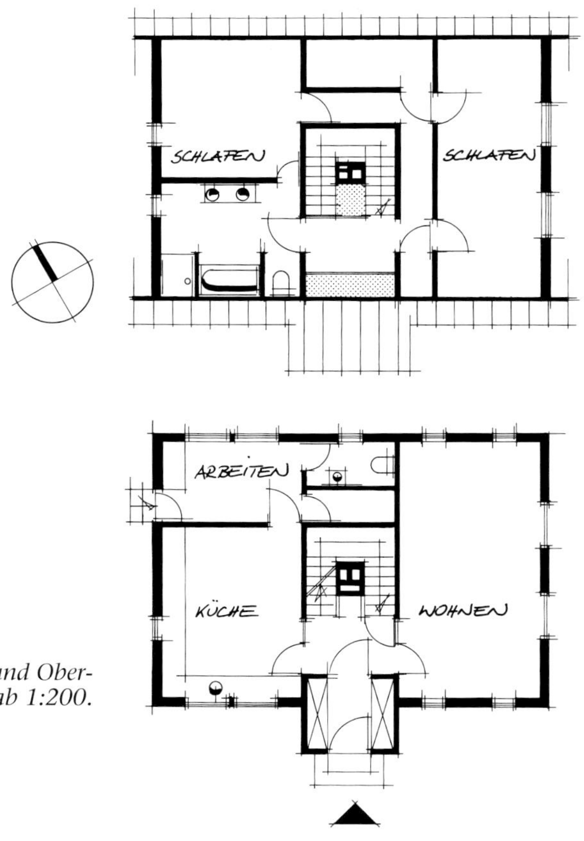

Grundrisse Erd- und Obergeschoß im Maßstab 1:200.

Links: Der kleine Eingangsvorbau erinnert an die Qualität einfacher, ländlicher Häuser, bei denen man noch den Stuhl vor die Tür stellen konnte, um am Dorfgeschehen teilzuhaben.
Links unten: Die Arbeitsplatten aus Stein schaffen einen eleganten Kontrast zum Holz.
Oben rechts: Die Eingangsseite.
Darunter: Blick auf das Oberlicht über dem Treppenhaus, das auch das Innere des Grundrisses mit Tageslicht versorgt.

Niedrigkostenhaus mit hohem Eigenleistungsanteil

Architekt: Helmut Kuess, Bregenz

Das Entwurfskonzept: Eine Architektur, die sich klar und deutlich mitteilt, kann auf wohlwollende Akzeptanz rechnen, auch wenn ihre Formensprache ein wenig ungewöhnlich ist. So ist es bei diesem Haus. Es offenbart sich in seinem Programm: Niedrigkosten- und Niedrigenergiehaus, hoher Eigenleistungsanteil und eine Form, die leicht ablesbar auf die Grundstückssituation eingeht.

Der Forderung nach den niedrigen Kosten, die im Rahmen der Wohnbauförderung liegen mußten, kommt das Haus durch seine äußerst einfache Form und die Materialwahl nach. Die massive Rückwand, den Keller und das Holzriegelwerk haben Fachfirmen erstellt, alle Dämm- und Verschalungsarbeiten aber, den Innenausbau, die Fußböden und Anstriche konnten in kostengünstiger Eigenleistung erbracht werden. Für geringe Unterhalts- und Energiekosten sorgen die fast wartungsfreien Materialien Holz und verzinkter Stahl. Auch die geputzte Fassade zu streichen, bedeutet keinen großen Aufwand. Die Gewinnung solarer Energie über den großen hölzernen Glasvorbau, deren Wirkung bis in die Tiefe des Hauses reicht, unterstützt noch durch die Hohlspeicherwände und die Luftführung nach dem Schwerkraftprinzip (Erwärmung der Hohlspeicher und Wärmeabgabe über Klappen und Strahlung), erfordern nur wenig zusätzliche Heizenergie der konventionellen Heizung.

Das dritte Zeichen, das dieses Haus setzt, ist seine aus der Grundstückssituation abgeleitete Form. Wie ein Fächer öffnet sich die zweigeschossige Glasfassade zur Sonne. Massiv und verschlossen dagegen, mit seitlich überstehenden Schallwänden, ist es nach Norden, weil dort die Autobahn vorbeiführt. Die starke, gemauerte Rückwand übernimmt hier den nötigen Schallschutz, den eine leichte Holzkonstruktion nur schlecht erbracht hätte.

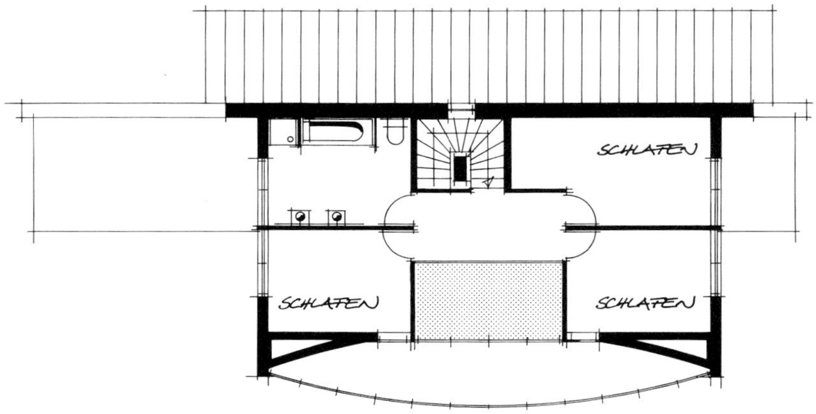

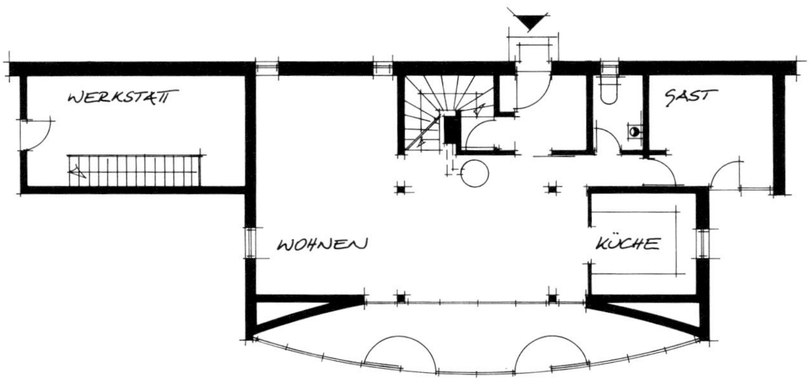

Grundrisse Erd- und Obergeschoß im Maßstab 1:200.

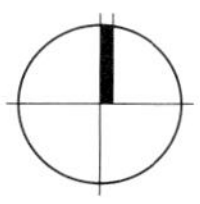

Rechts: Die Straßenfassade ist wegen des besseren Schallschutzes massiv.
Unten: Die ganz verglaste Gartenfassade ist markantes Zeichen des umweltbewußten Entwurfes.
Ganz unten: Vor dem Wohnraum liegt der Wintergarten - eine Zwischenzone. Eindrucksvoll ist die Perspektive in das zweigeschossige Glashaus links und in gleicher Höhe rechts auf der Galerie.

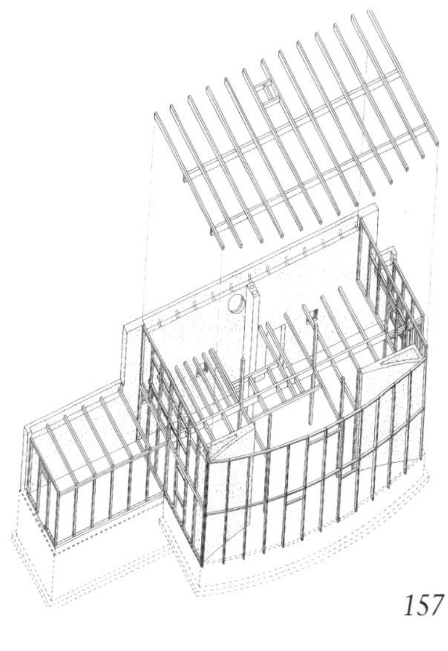

Transparenz und Leichtigkeit als Entwurfsmaxime

Architekten: Schulitz + Partner, Braunschweig

Die Lage: Das nach Süden leicht abfallende Grundstück bietet einen reizvollen unverbaubaren Ausblick in die weite Ebene.

Vorstellungen der Bauherren: Es sollte ein großzügiges Wohnhaus für eine fünfköpfige Familie sein und über einen Wohnbereich verfügen, der groß genug ist, gelegentlich auch repräsentativer Rahmen für kleinere Empfänge zu sein. Für die Kinder war ein eigener, von den Wohnräumen unabhängiger Bereich zu planen.

Das Entwurfskonzept: Entsprechend der Orientierung des Grundstücks wurde der Baukörper in eine zentrale Nord-Süd-Erschließungsachse mit zwei angelagerten Pultdächern gegliedert. Durch Oberlichtgaden über der Erschließungszone und eine großzügige Verglasung der Fassaden erhalten auch die inneren Bereiche des Erdgeschosses einen besonders lichten Charakter. Hier liegen der große Wohn-, Eß-, Eltern- und Küchenbereich. Die räumliche Wirkung wird in diesem Geschoß durch die dem Terrain folgende, halbgeschossige Absenkung und durch die ineinanderfließenden Räume geprägt. Sie bilden im Zusammenhang das gewünscht großzügige Ambiente. Sämtliche Innenwände wurden zur Betonung der Großräumigkeit nur bis zur Traufhöhe geführt, der Dachraum darüber verglast. So bleibt trotz abgeschlossener Einzelräume der Innenraum des Gebäudes stets in seiner Gesamtheit erlebbar.

Der Bereich der Kinder liegt getrennt auf der Ebene unter den Wohnräumen und ist über eine Treppe direkt vom Windfang aus zu erreichen. Durch die Ausnutzung des natürlichen Grundstücksgefälles werden die Räume durch Fenster normaler Größe belichtet. Den Kinderzimmern sind auch Hobby- und Werkraum sowie die Sauna zugeordnet.

Die Konstruktion: Dem Wunsch des Bauherrn entsprechend sollten zwei Materialien die Architektur des Hauses bestimmen: Holz und Kalksandstein. Als reine Holzkonstruktion hätten die großen Spannweiten für Decken und Dachkonstruktion sehr hohe Holzquerschnitte erfordert. Durch einfach zu montierende unterspannte Rundstähle wurden die Balkenquerschnitte auf ein Minimum reduziert und formen so mit den ebenfalls schlank dimensionierten Holzstützen eine insgesamt materialminimierte Skelettbauweise. Den natürlichen Verwitterungsprozeß antizipierend, wurden außen alle Holzteile mit einer silbergrauen Lasur gestrichen.

Grundriß des Erdgeschosses im Maßstab 1:200.

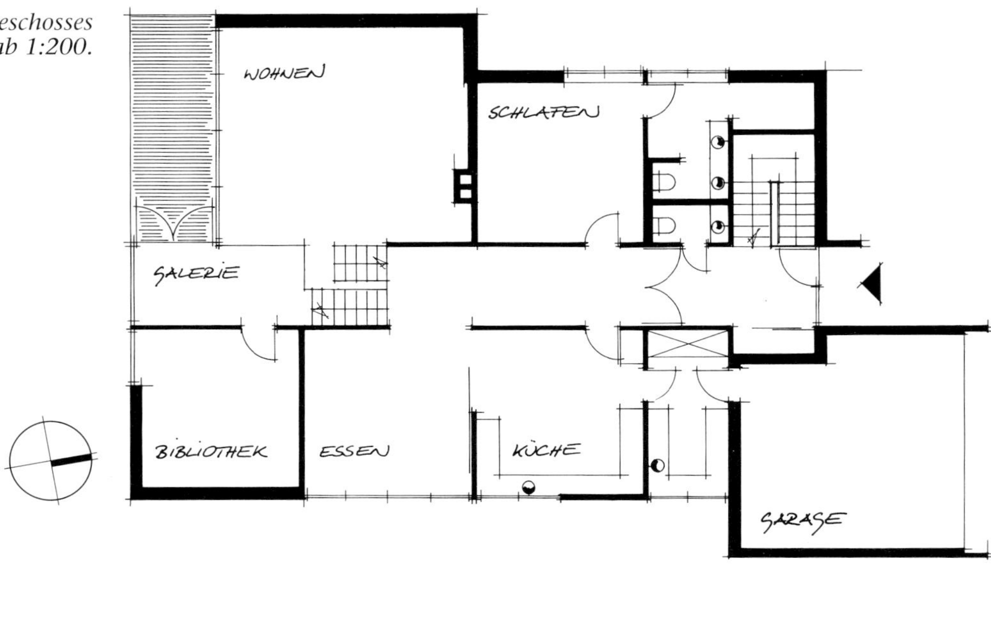

Oben: Die Leichtigkeit des Gebäudeeindruckes entsteht durch die überzeugende Verbindung der Materialien Holz und Stahl.
Ganz oben: Bei Nacht wird die Transparenz besonders deutlich.

Der Blick in den unteren Wohnbereich. Verglichen mit konventionellen Holzbauten zeigt dieses Haus, welche Möglichkeiten eine intelligente Materialkombination bietet: minimale Querschnitte, Material- und Platzersparnis, Transparenz - und eine eindrucksvolle Architektur (siehe auch S. 161).

Kein Gegensatz: Elegante Landhaus-architektur und vorbildliche Baubiologie

Architektin: Mechtild Friedrich-Schoenberger, Ammerland

Das Planungskonzept: Das Raumprogramm für dieses Haus wurde für eine fünfköpfige Familie, ein Appartement für die Haushaltshilfe und einen abgeschlossenen Arbeitsbereich für das Architekturbüro der Bauherrin konzipiert. Neben der Erfüllung des Raumprogrammes gab es zwei wichtige Anliegen. Zum einen die Grundstückssituation, ein leicht geneigter Hang mit altem Eichenbestand am Starnberger See (2500 Quadratmeter) und die Nachbarschaft zu historischen Gebäuden aus dem siebzehnten Jahrhundert. An diese architektonische Tradition sollte der Entwurf anknüpfen. Die zweite Forderung war, dieses Haus so gesund wie möglich zu bauen, die Materialien und den Einsatz der technischen Mittel sehr strengen ökologischen Maßstäben zu unterwerfen. Baubiologie nicht als formales Credo, sondern als notwendiger, zurückhaltend dienender Rahmen, ein Anspruch, dessen Erfüllung bisher nur in wenigen Fällen - wie in diesem beispielhaften - wirklich gelungen ist. Das Erfolgsrezept liegt in ganz wenigen klaren Entscheidungen: anknüpfen an die Tradition des klassischen Seeuferhauses, wie es hier seit Jahrhunderten selbstbewußt in die Landschaft gesetzt wurde, und eine Form finden, die sich nicht abnutzt, die nicht einem kurzlebigen Modetrend folgt, sondern Bewährtes neu interpretiert. Darüber hinaus eine kluge Materialauswahl treffen, die das architektonische Konzept visualisiert, seinen Anspruch auf Eleganz und die Verantwortung für die Menschen, die in diesem Haus wohnen, verwirklicht.

Der Grundriß: Der Eingangsbereich an der Nordseite des Hauses gibt den Blick frei auf die ganze Haustiefe von siebzehn Metern, auf den Wohnbereich, dann zum Eßzimmer und schließlich, wie die Andeutung einer Einladung, auf den überdachten Sitzplatz und den Garten. Zur Halle hin wurden die Bibliothek und das kleine Appartement orientiert, das so einen eigenen Vorraum erhält. Durch das Eingehen auf die Hangsituation konnte der Wohnraum um zwei Stufen abgesenkt werden, genau auf das passende Maß, um der Raumfolge die nötige Höhe für die richtigen Proportionen zu geben. Die Küche wendet sich offen dem Eßzimmer zu, eine Speisekammer nach bewährtem Vorbild sorgt für den nötigen Stauraum.

Im Obergeschoß liegen aufgereiht die vier Schlafzimmer, die der Kinder jeweils mit eigenem Westbalkon. Vom Flur aus führt eine Stiege in das Dachgeschoß zum Atelier der Architektin. Das Haus hat eine Wohnfläche von 255 Quadratmetern .

Die Materialien: Dem Wunsch nach gesunden Baumaterialien entsprechend, wurde auf Kunststoffe und Bauschäume verzichtet. Vielmehr wurden Hohlräume zum Beispiel mit Kokoswolle ausgestopft, der Putz mit Kalkfarbe gestrichen und als Wärmedämmstoff Kork anstelle von leichten Dämmplatten oder Fasermatten eingesetzt. Das Bauholz (Fichte) für die Zimmermannskonstruktion wurde in tausend Meter Höhe bei Frost geschlagen, kernfrei geschnitten und ist daher auch bis heute frei von Rissen. Die Verwendung der Hölzer erfolgte nach dem Grad ihrer Beanspruchung. Für stark beanspruchte Teile, die Fußböden, Treppenstufen und die Knaggen an den Unterzügen wurde Eiche eingesetzt, die Fenster und Türen dagegen sind aus Kiefer. Der große Dachüberstand und die holzgerechte Detaillierung sorgen als konstruktiver Holzschutz dafür, daß es nicht zu stehendem Wasser und damit zu Fäulnisbildung kommt. Der Lasuranstrich der Holzfassade, ein Naturharzöl, hat eine schützende Funktion im Sinne einer Imprägnierung, er antizipiert nur das Bild der natürlichen Verwitterung. Die überwiegende Verwendung von Holz bedeutete auch eine relativ kurze Bauzeit, entsprechend wirtschaftlich ist diese Bauweise. Dazu kommt der geringe Wartungsaufwand, sonst übliche Schönheitsreparaturen wie Malerarbeiten innen und außen, entfallen und verringern so die Unterhaltskosten des Hauses. Zur Reduzierung des Wasserverbrauchs - hier decken sich Umwelt- und Kostenbewußtsein - verfügt das Haus über eine Regenwasserauffanganlage, die die Toilettenspülung und die Gartenbewässerung übernimmt. Insgesamt ein Materialeinsatz, der große Kennerschaft im Umgang mit dem Baustoff Holz verrät. Und gleichzeitig wird das Holz in seiner Wirkung so transponiert, daß das Material eine eindeutig dienende Wirkung hat, es drängt sich nicht auf. Im Mittelpunkt steht die Architektur - und die überzeugt.

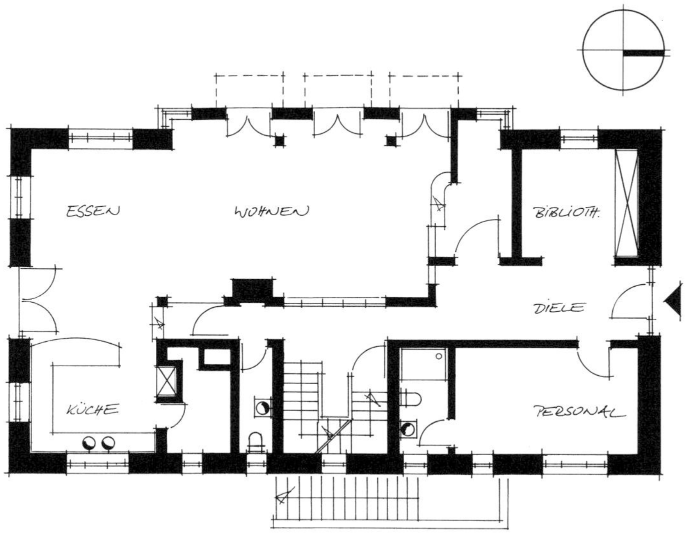

Grundrisse Erd- und Obergeschoß im Maßstab 1:200.

Oben: Der Entwurf der Küche zeigt beispielhaft, welch großes Gestaltungsspektrum der Werkstoff Holz bietet.
Unten: Im Schlafgeschoß wird das Holz in seiner ganzen Schönheit gezeigt.

Oben: Das Ankleidezimmer.
Rechts: Die Gartenfassade belegt eindrucksvoll, welch architektonische Eleganz sich auch in einem Haus aus Holz umsetzen läßt.

Die Vorzüge der Mischkonstruktion

Architekten: Breitenbücher + Hirschbeck, München

Die Bauaufgabe: Zu planen war ein großzügiges Wohnhaus für eine Familie mit zwei Kindern. Der Kindertrakt sollte separat zu erschließen sein (spätere Einliegerwohnung), ein Dachstudio war als Rückzugsbereich geplant, und der Wintergarten mit Gegenstromschwimmbad war der besondere Wunsch, um in schöner räumlicher Umgebung etwas für die Gesundheit tun zu können.

Das Entwurfskonzept: Die Gebäudeform, ein klarer rechteckiger Baukörper mit 45 Grad Satteldach nimmt den für die Umgebung typischen Bautypus auf. Die Besonderheit des Hauses ist der dem Hauptbaukörper vorgelagerte Wintergarten, der das Schwimmbad einschließt und auch als großes Pflanzenhaus dient. Eine Frühstücks- und eine Sonnenterrasse rahmen das Glashaus ein und stellen zusammen mit dem davorliegenden Teich die Verbindung zum Garten her. Im Dachgeschoß orientieren sich Elternbad, Kinderbad und die Kinderzimmer ebenfalls über eine Galerie auf den Wintergarten. Jalousien vor den verglasten Wänden bieten die Möglichkeit der optischen Abtrennung. Durch die Anordnung von versetzten Split-Level-Ebenen ergeben sich reizvolle Durchblicke vom Hauptgebäude über das Glashaus in den Garten, gleichzeitig wird von außen die innere Gebäudeorganisation sichtbar.

Die Materialwahl: Bei den ersten Planungsbesprechungen im Haus des Architekten, einem Holzbau, wurde das Interesse der Bauherren für den Werkstoff Holz geweckt. Ihr eigenes Haus sollte jedoch kein reines Holzhaus in Leichtbauweise, sondern eine Mischkonstruktion mit massiven Umfassungswänden und einem eingestellten Holzskelett sein, um die Vorteile der Materialien zu kombinieren. Daher bestehen die Außenwände aus 49 Zentimeter starken Ziegelverbänden, die U-förmig das Holzskelett umschließen, das freitragend in die Ummauerung eingestellt wurde. Der Reiz dieser Kombination liegt im Kontrast zwischen den massiven Außenwänden mit den tiefen Fensterleibungen und der strukturierten leichten Holzkonstruktion mit den transparenten Trennwänden zum Wintergarten. Dieses Zusammenspiel schafft eine besondere Behaglichkeit in den Wohnbereichen - atmosphärisch und auch klimatisch.

Grundrisse Erd- und Obergeschoß im Maßstab 1:200.

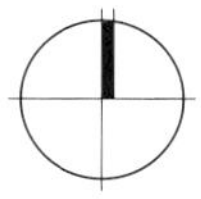

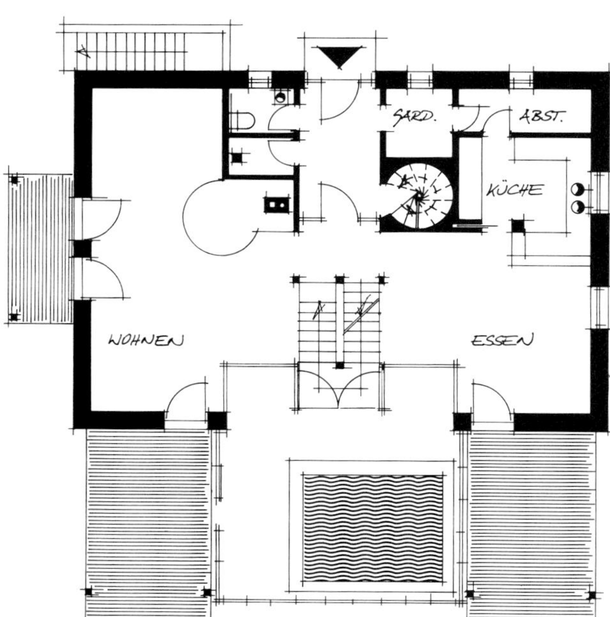

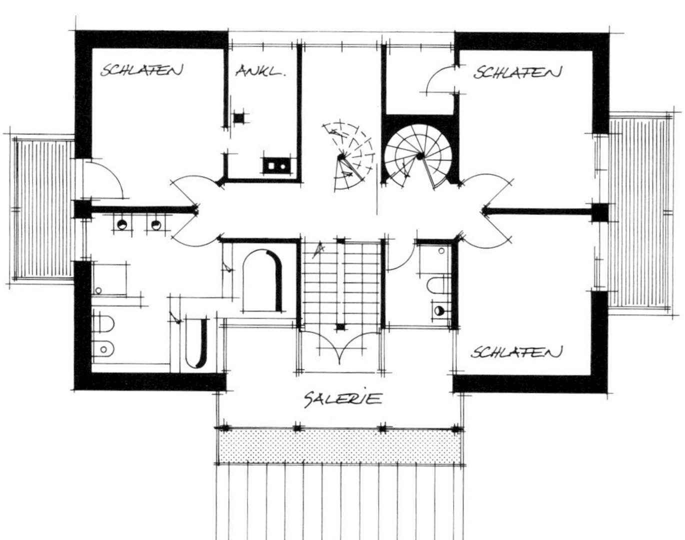

Ganz oben: Außen verdeutlichen nur dieVorbauten, daß es sich hier um ein Haus handelt, das zu einem großen Teil aus Holz besteht.
Oben: Die Gartenfassade mit Holzwintergarten, Holzpergola und einem Holzdeck als Terrasse.
Links: Knotenpunkt Holz - Stahl im Dachstuhl.

Die gesamte innere Tragstruktur des Hauses besteht aus Holz, die massiven äußeren Wände dienen als Wärmespeicher.

Blick in das offene Treppenhaus.

Kleines Wohnhaus in Kärnten

Refugium in der Natur

Architekt: Gert M. Mayr-Keber, Wien

Die Lage: Das Haus ist ein wahres Refugium. Es liegt in Kärnten, oberhalb des Wörthersees inmitten einer Hügellandschaft, von Wäldern umgeben. Dieses naturnahe Umfeld bestimmte die Materialwahl: Holz als dominierendes Baumaterial.

Das Entwurfskonzept: Es sollte ein kleines Haus sein, ein Minimalhaus und doch nicht beengt wirken. Diese Forderung erfüllt der Grundriß durch Gegenüberstellung von sehr kleinen, abgeschlossenen Kammern und einem großzügig dimensionierten Wohnraum. Mit den Gegensätzen „eng-weit“, „groß-klein“, „ausgesetzt-abgeschirmt“ werden die spezifischen Raumqualitäten inszeniert. Und durch die Anordnung von Glasoberlichtern auf sämtlichen Zwischentrennwänden wird gleichzeitig das Gefühl der Gemeinsamkeit unter einem Dach vermittelt - für den, der einsam der Natur ausgesetzt ist, kann das ein sehr tröstendes Gefühl der Geborgenheit vermitteln. Da die Gesamtwohnfläche des Hauses nur 75 Quadratmeter beträgt - bei vier abgeschlossenen Schlafräumen -, war es besonders wichtig, die Fläche des Hauptaufenthaltsraumes zu optimieren. Das gelingt durch den Einbau einer Vielzahl von Fenstern, einer raumhohen Glasschiebetür, eines vorgesetzten - Wand, Boden und Decke fortführenden - Terrassenraumes. Hierdurch wird ein großes räumliches Ganzes geschaffen, ein virtueller Raum, der das Außen und Innen ohne optische Schwellenbereiche miteinander verbindet.

Das Äußere des Hauses geht auf typologische Grundformen der Region ein und nimmt diese elementar auf, vor allem in der Materialwahl Holz. Und doch erhält der Bau seine eigene, zeitgenössische Identität durch die plastische Ausgestaltung des Baukörpers und seiner angegliederten Bauteile, durch die Plazierung der Fenstereinheiten und die Oberflächentextur. Dieses Haus ist etwas Besonderes.

Grundriß der Wohnebene im Maßstab 1:200.

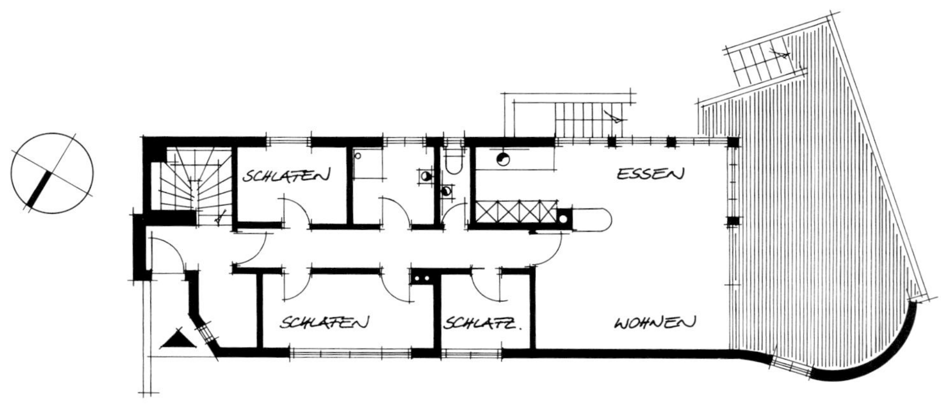

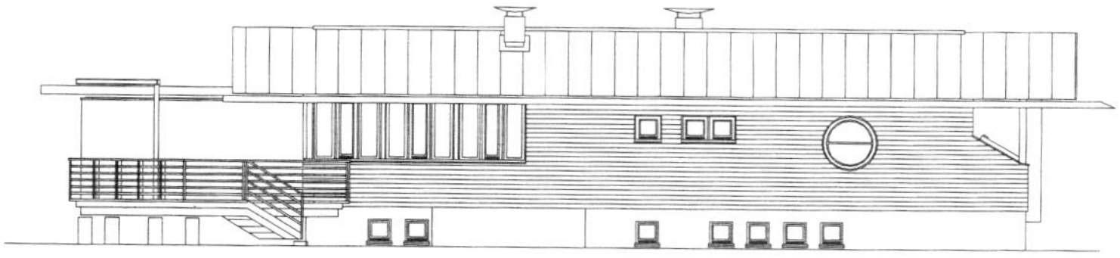

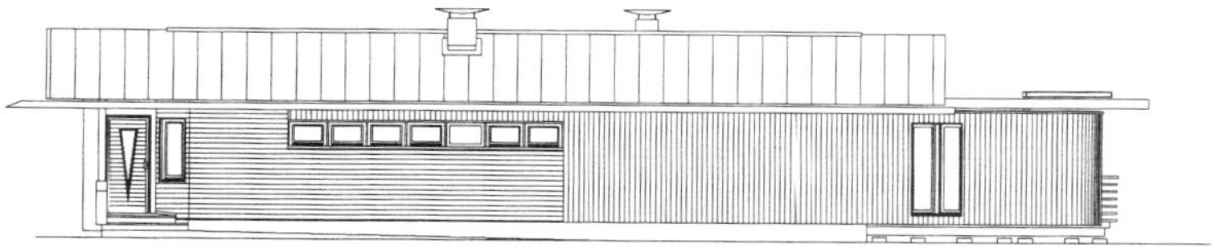

Oben: Die Fassadenansichten und der Eingangsbereich dokumentieren beispielhaft die gekonnten Verfremdungen der regional typischen Architekturmerkmale.

Ganz oben: Die Gartenfassade.
Oben: Die Oberlichter über den Türen heben die Enge des Flures und der kleinen Schlafzimmer auf.
Rechts: Pergola und Holzdeck sind unbehandelt. Interessanter Kontrast zur Fassade und Ausdruck der Beanspruchung durch das Wetter.

Einfamilienhaus bei München

Neue Formensprache für eine traditionelle Holzhausarchitektur

Architekten: Fischer Steiger Tschaidse, München

Das Grundstück: Es gibt viele eindrucksvolle Vorbilder an Holzbauten am Starnberger See. Dieser Bau knüpft daran an. Das Hanggrundstück, auf dem es steht, 1400 Quadratmeter groß, hat einen herrlichen Blick auf den See. Ausladende alte Bäume und schöne Landhäuser bestimmen das Bild der Umgebung.

Das Konzept: Es sollte ein großzügiges Haus werden, dessen Architektur mit dem Außenraum korrespondiert. Der Bezug zur prachtvollen Natur, zum See und vor allem zum Licht waren die Parameter der Planung. Eine Einschränkung bot lediglich die Erschließung. Der Eingang konnte nur nach Süden ausgerichtet werden. Entsprechend wurde der Grundriß organisiert. Eß- und Wohnraum liegen zwar nach Süden, um aber gegen unerwünschte Einblicke geschützt zu sein, öffnet sich das Haus nach Südosten über den großen Wintergarten. Zusätzliche Qualität erhält der gläserne Wohnraum durch eine Absenkung um drei Stufen. So entstehen großzügige Dimensionen. Die weiße, ebenmäßige Struktur der schlanken Holzbalkendecke (6 x 24 cm) schließt den Raum schwerelos nach oben ab: ein Trick, der die Raumgrenzen aufzuheben scheint.

Im Obergeschoß besticht die axiale Anordnung der schönen Südräume mit eigenem Balkon, deren Anlage an die qualitätvollen Villenbauten der Umgebung anknüpft. Der ausladende Dachüberstand ist wirksamer Sonnen- und Witterungsschutz. Die tief stehende Wintersonne dagegen sorgt für wohltuende Wärme. Das Haus verfügt über eine Wohnfläche von 265 Quadratmetern.

Die Konstruktion: Große Spannweiten und Fensteröffnungen lassen sich mit Holzbalken nur schwer überspannen. Konsequent wurde das Haus daher als Mischkonstruktion angelegt. Ein Stahlbetonskelett bildet die Tragstruktur, die Ausfachung besteht aus Ziegeln, die der Wärmespeicherung dienen. Eine zusätzliche Wärmedämmung verhindert die Auskühlung des Speichermediums. Eine auf Abstand gesetzte Zedernholzschalung strukturiert und schützt die mehrschichtige Fassade. Dieses Holz ist unempfindlich gegen Bewitterung, es muß nicht chemisch behandelt werden. Mit den Jahren verändert sich aber seine Farbe: der warme Braunton geht in ein vornehmes Silbergrau über.

Oberhalb der Brüstungsebene des Obergeschosses besteht die Fassade aus zementgebundenen Spanplatten. Das gleichmäßige Raster aus Plattenmaß und farbigen Abdeckleisten, aus transparenten und geschlossenen Flächen, deutet zeichenhaft die Privatheit des Schlafgeschosses an. Gleichzeitig bildet es einen angenehmen Abschluß des Gebäudes nach oben.

Decken und Dach sind ebenfalls Holzkonstruktionen. Brettschichtholzbalken mit schlanken Abmessungen, 6 x 24 Zentimeter, tragen die Decken. Betongehwegplatten, Quarzsand und Trockenestrich sorgen für den nötigen Schallschutz. Darauf liegt das angenehm federnde Ahornparkett.

Grundrisse Erd- und Obergeschoß im Maßstab 1:200.

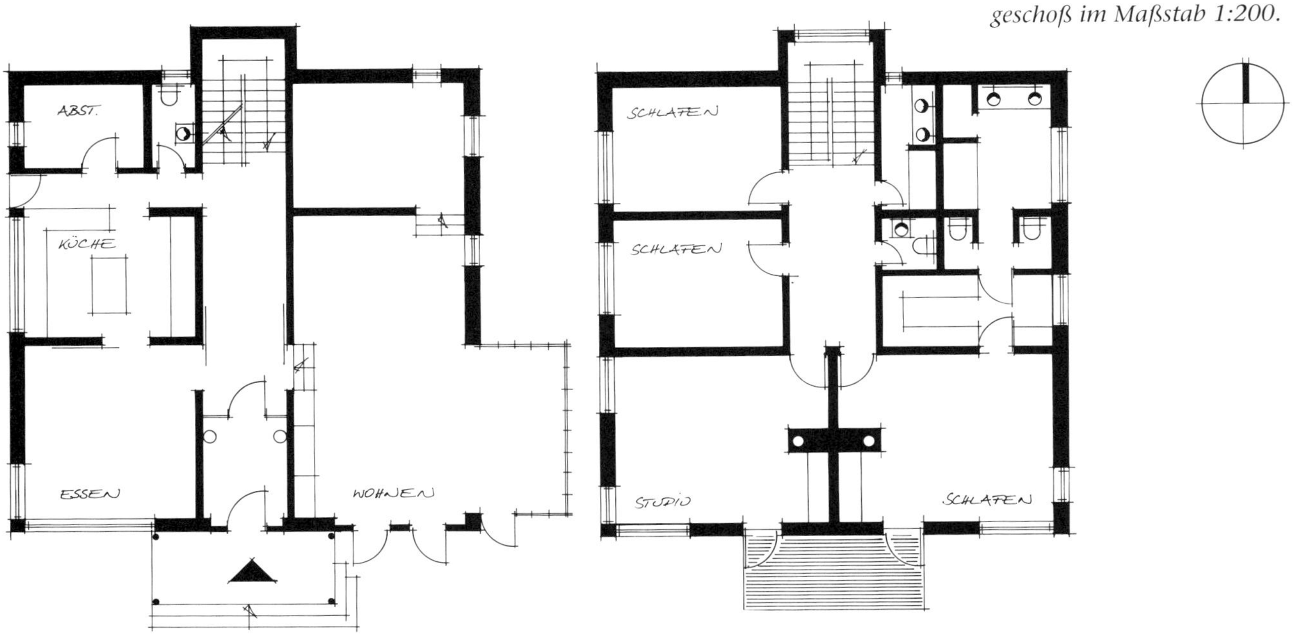

Links: Interessantes Spiel von Flächen, Materialien, Strukturen und Linien.
Unten: Reizvoll ist der sparsame Einsatz des Naturholzes an der Fassade.
Unten rechts und links: Holz ist als Werkstoff zwar in seiner Ausstrahlung gegenwärtig, er drängt sich aber nicht auf.

Werkstoffgerecht geplant, in Eigenleistung gebaut

Architekt: Hans Kohl, München

Die Ausgangssituation: Der 800 Quadratmeter große Bauplatz wurde auf Erdmagnetfelder hin untersucht, in Abhängigkeit davon erfolgten Planung und Gebäudeausrichtung. Der Entwurf stand unter drei wichtigen Bedingungen: das Haus sollte ganz in Eigenleistung erstellt werden, strengen baubiologischen Kriterien genügen und sehr kostengünstig sein. Diese Bedingungen ließen sich wegen der relativ einfachen Bearbeitbarkeit am besten mit dem Werkstoff Holz erfüllen.

Der Grundriß: Der Bauplatz ließ eine klare Nord-Süd-Ausrichtung zu. Großflächig wurden die Wohnräume zur Sonne geöffnet und zugunsten guter Raumproportionen um vier Stufen abgesenkt. Ein großes Glashaus, das bis in das Obergeschoß hinaufreicht - dort mit eigenem kleinen Balkon -, ist Wohnraum, interessantes Experimentierfeld und solarer Energielieferant in einem. Im Schlafgeschoß setzt sich das Prinzip der Öffnung nach Süden fort, nach Norden dagegen wurden die Fensterflächen aus energetischen Gründen auf ein Minimum beschränkt. Die Gesamtwohnfläche beträgt 182 Quadratmeter, das nicht angerechnete Glashaus bietet zusätzlich 20 Quadratmeter Nutzfläche.

Die Konstruktion: Um ausreichende Wärmespeicherflächen zu erhalten, ist das Haus eine Mischkonstruktion aus innerem, 36,5 Zentimeter starkem Mauerwerk, zusätzlicher Wärmedämmung und einer äußeren, hell lasierten Fichtenholzstülpschalung. Dunkel abgesetzte Lisenen akzentuieren das Konstruktionsprinzip. Holzbalkendecke, Dach, Vorbauten und Fenster bestehen ebenfalls aus Fichte. Ihre Detaillierung ist im Interesse der Eigenleistung der Bauherren bewußt einfach gehalten. Abgerundet wird die konsequent ökologische Planung dieses Niedrigenergiehauses durch drei alternativ nutzbare Wärmequellen: solare Energiegewinnung über das Glashaus, einen schnell aufheizbaren zentralen Kachelofen und eine Fußbodenheizung, die an eine Wärmepumpe angeschlossen ist.

Bei Häusern, die in Eigenleistung gebaut werden, sind häufig Planungsversäumnisse und handwerkliche Mängel auf den ersten Blick deutlich sichtbar. Solchen Häusern haftet dann etwas Unfertiges an. Dieses Haus beweist dagegen, daß es auch anders geht. Aber dazu gehört eine sorgsame, in den Ansprüchen reduzierte Planung, die sich ganz auf den Wunsch nach einfacher Bauweise einstellt und den Selbstbauer auch ständig in seinem Tun begleitet. Nachahmenswert!

Grundrisse Erd- und Obergeschoß im Maßstab 1:200.

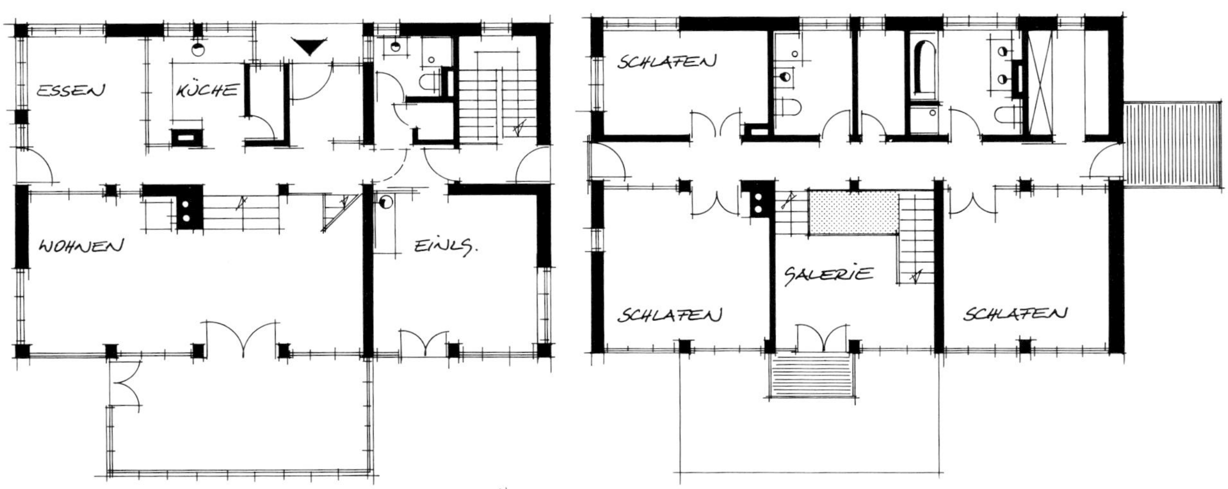

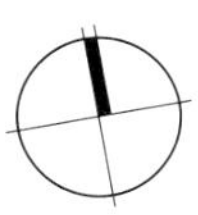

Links: Klar und nüchtern zeigt sich die Fassade - Erinnerungen an die Shaker-Architekturen werden wach.
Unten: Im Inneren dominiert das Holz.
Ganz unten: Die beiden Freisitze lassen sich unter den Glasdächern mit Markisen verschatten. Der große Wintergarten ist Pflanzenhaus und Energielieferant.

Bauen mit Holz im ländlichen Raum

Architekt: Walter Stolz, Rosenheim

Die Ausgangssituation: Das Grundstück liegt im Außenbereich eines kleinen Weilers auf einer Anhöhe. Ausgangspunkt der Planung war eine bestehende Behelfsunterkunft aus dem Jahr 1945. Sie genoß Bestandsschutz. Der kleine, eingeschossige Baukörper mit einer Grundfläche von fünf mal sechs Metern wurde entkernt und zu einem vollwertigen Wohnhaus umgeplant und fast vollständig aus Holz neu errichtet. Lediglich bei der Erweiterung der gemauerten Außenwände wurde das Material des Bestandes fortgesetzt. Ein Neubau wäre an dieser Stelle heute nicht mehr genehmigt worden. Betrachtet man die gefundene Lösung, dann stellt sich die Frage: warum eigentlich? Nicht jeder Neubau muß zwangsläufig das Ortsbild zerstören. Dieses Projekt beweist es.

Das Konzept: Die äußere Gestaltung des Hauses beabsichtigt eine behutsame Einfügung in die Situation am Ortsrand. In der Nachbarschaft stehen noch zwei Bauernhäuser. Form, Material und Farbgebung nehmen die regionale Architektursprache der landwirtschaftlich genutzten Gebäude, der Stadel, auf. Der Baukörper ist rechteckig, klar proportioniert (Seitenverhältnis 2:1), mit einem 35° Satteldach und den typischen, stumpf gestoßenen rauhen Brettern mit hinterlegter Deckleiste für die Fassade. Der graue Lasuranstrich nimmt den natürlichen Alterungsprozeß des Hauses schon vorweg. So fügt es sich ganz selbstverständlich in das Ortsbild ein - ohne jedoch auf eine zeittypische Architektur zu verzichten. Dazu tragen besonders die energetisch bestimmten Fensteröffnungen und Maße bei, die das Haus großzügig zur Sonne öffnen. Die Nordseite dagegen bleibt geschlossen. Für eine perfekte Verschattung sorgen die großen Schiebetore, die im geöffneten Zustand - ganz unauffällig - exakt die Wandscheiben bedecken. Sie tragen auch zur Sicherheit des Hauses bei.

Der Grundriß: Das Innere besteht aus einem einzigen Raum, der über die zentrale Treppenöffnung bis ins Dach reicht. Die Sanitärinstallation wurde in dem kleinen Anbau untergebracht, der sich an der Nordseite anlehnt. Über die ganze Hauslänge spannende Mittelpfetten (verdoppelte Schichtholzprofile mit hohem, 7/46 cm Querschnitt) ermöglichen die völlige Stützenfreiheit im Erdgeschoß. Sie betonen gleichzeitig eine deutliche Längsachse im Gebäude, auf die andere raumbildende Elemente, die Firstverglasung, die Einbauten und die Fassade bezogen sind. Die filigrane Stahltreppe gliedert das Erdgeschoß und markiert die Übergangszone zum Kochbereich innerhalb des Wohnraumes. Die obere Ebene ist konventionell in zwei Zimmer und eine Arbeitsgalerie aufgeteilt. In allen Räumen ist die Holzkonstruktion sichtbar, wobei die schlanken Deckenbalken (5 x 24 cm) im Abstand von 40 Zentimetern durch ihre nicht enden wollende Reihung dem Erdgeschoß weiträumige Dimensionen verleihen. Dabei beträgt die Gesamtwohnfläche nur 118 Quadratmeter.

Der Innenausbau: Die Raumtrennwände im Obergeschoß sind eine Holzständerkonstruktion mit Gipskartonbeplankung, der Boden wurde in beiden Geschossen mit Stabparkett aus Esche belegt (auf Sparschalung genagelt). Alle Einbauten und Möbel, Schrank, Regale, Arbeitstische und Rollcontainer wurden eigens für das Haus entworfen. Das gesamte Holz im Innenausbau - im konstruktiven Bereich und für das Mobiliar - ist weiß lasiert.

Das Energiekonzept: Der Baukörper wurde so ausgerichtet und mit großen Fenstern und Oberlicht versehen, daß eine maximale Ausnutzung der Sonnenenergie gewährleistet ist. Die Schiebetore an der Erdgeschoßfassade dienen zur Klimaregulierung und als zusätzlicher Wärmeschutz. Eine elektrische Fußbodenheizung erwärmt den Sanitärbereich, der Grundofen im Erdgeschoß heizt das ganze Haus. Als Übergangsheizung dienen Unterflurkonvektoren vor der Fensterfront.

Grundrisse Erd- und Obergeschoß im Maßstab 1:200.

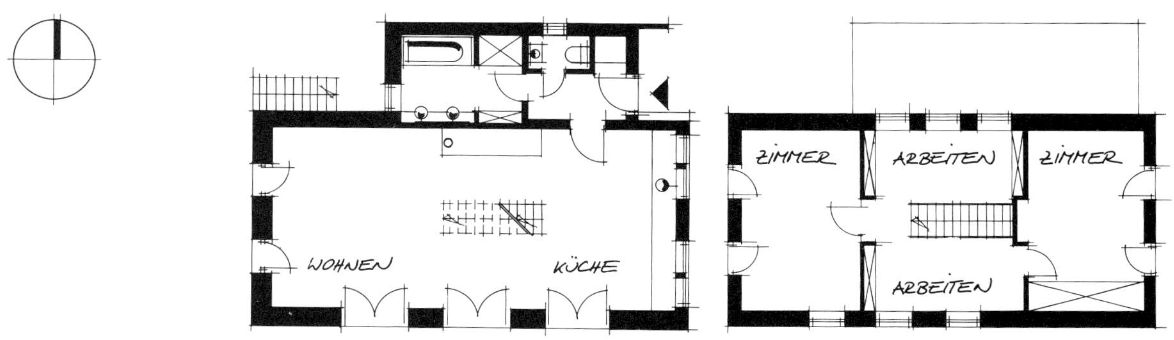

Oben: Nur die ungewöhnlichen Fensterproportionen verraten, daß es sich hier nicht um einen Stadel handelt.
Mitte: Das umlaufende Band markiert die Aufhängung für die Schiebeläden.
Unten: Geschlossen bilden die Läden einen perfekten Einbruchsschutz.

Oben: Versteckt liegen die Oberlichter für das Arbeitszimmer unter dem Unterschlag des Daches - auch ein willkommener Sonnenschutz.
Mitte: Die schlanke Stahltreppe dient - nur andeutend - als optischer Raumteiler zur Küche.
Unten: Spiel mit Licht und Perspektiven auf der oberen Ebene.
Rechts: Die Sparsamkeit der Reize lenkt das Auge auf die wenigen qualitätvollen Einbauten - welch ein Raumgefühl.

Die Bauökologie setzt sich durch und schafft neue Architekturformen

Architekten: Doris Schmidt-Hammer, Thomas Hammer, München

Die Bauaufgabe: Eine sechsköpfige Familie wünschte sich ein Wohnhaus, das an die Architekturtradition der umgebenden Landschaft anknüpft und gleichzeitig alle baubiologischen Gesichtspunkte für eine gesundes Wohnen erfüllt.

Das Entwurfskonzept: Das Grundstück liegt an einer Flußbiegung und wurde nicht wie die Nachbarbebauung auf das künstliche Straßenniveau angehoben, sondern es paßt sich durch versetzte Ebenen an das Gelände an und schafft so reizvolle Ebenen im Inneren des Hauses. Der Erschließungsbereich im Nordosten dient als Wohnflur, Spielgalerie, Klimapuffer und zur aktiven und passiven Sonnenenergienutzung. Die sämtlich nach Südwesten orientierten Räume sind durch unterschiedliche Raumhöhen und Zugänge (zum Beispiel Stufen zu den Kinderzimmern als Sitzgelegenheit) gegliedert.

Der Bau nutzt alle Vorzüge einer materialgerechten Mischkonstruktion. Das Kernhaus wurde nach baubiologischen Gesichtspunkten als Massivbau mit einer Außenmauerstärke von 49 Zentimetern errichtet (Speichermasse). Der Dachstuhl ist eine konventionelle Pfettendachkonstruktion aus Holz, mit geteilter Firstpfette, die im Bereich der Kinderzimmer wegen gewünschter größerer Raumflexibilität in den Hauptachsen von Hängewerken gestützt wird. So können störende Stützen entfallen. Als Dachdämmung dienen Holzfaserplatten und magnesitgebundene Holzwoll-Leichtbauplatten. Die Wohnflurzone ist eine leichte Anlehnkonstruktion aus Holz. Die über das Glasdach gesammelte Wärme wird abgesaugt und über einen Wärmetauscher zur Warmwassergewinnung herangezogen. Die Ausfachung des Hauses auf der Nordseite erfolgte mit gedämmten Holzpaneelen, außen mit horizontaler, hinterlüfteter Lärchenholzschalung verkleidet, raumseitig mit Sperrholzplatten beplankt. Lärchenholz dient auch im Wohnbereich und in der Küche als Bodenbelag.

Rechts: Bei dieser Mischkonstruktion übernimmt das Holz die architektonisch-atmosphärischen Funktionen.

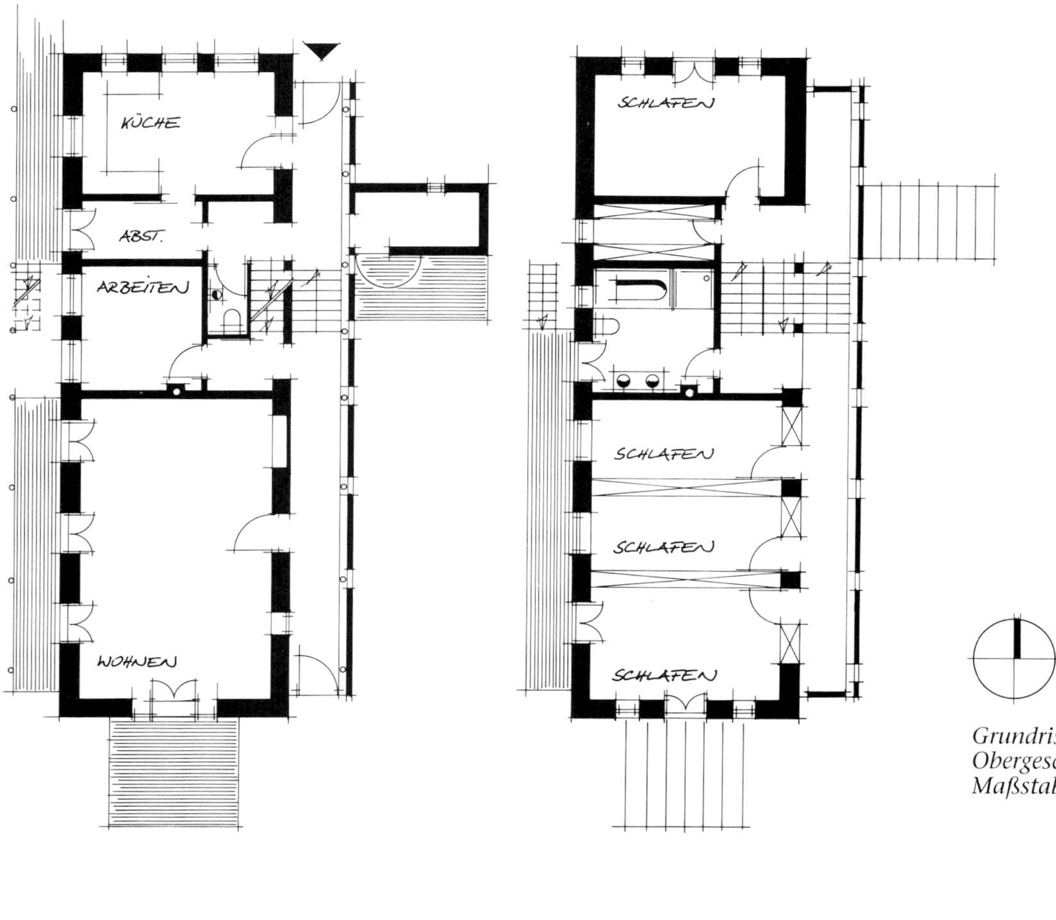

Grundrisse Erd- und Obergeschoß im Maßstab 1:200.

Wohnhaus mit separater Mietwohnung in Pfarrwerfen, Österreich

Ein Haus der Region

Architekt: Stephan Philipp, München

Das Entwurfskonzept: Da der Bebauungsplan eine Giebelständigkeit zur Straße verlangte, diese aber im Hinblick auf Besonnung und Aussicht auf die eindrucksvolle Bergwelt wenig Sinn machte, erhielt das Haus einen Kreuzgiebel. Diese Baukörperform schafft im Obergeschoß optimale Raumverhältnisse. Eine besondere Attraktion dieses Geschosses ist das von West nach Ost durchgesteckte Tonnengewölbe. Hier werden oberhalb der Deckenbalkenlage die Räume nur durch Glas abgetrennt, um in dem relativ kleinen Grundriß - je Wohnebene 70 Quadratmeter - den Eindruck der Großzügigkeit zu verstärken.

Die Konstruktion: Über dem massiven Hanggeschoß steht die im Werk vorgefertigte Holzskelettkonstruktion, die an einem Tag zusammen mit fertig geschalten Wänden, Dachstuhl, Dachschalung und Dachpappe regendicht aufgestellt wurde. Die Außenschalung ist unbehandeltes Lärchenholz, nur die Geländer der Balkone bestehen aus Festigkeitsgründen aus Hartholz. Interessant ist die Art der Wärmedämmung in Wänden und Dach: hier wurde kleingehäckseltes Altpapier verwandt. Auch die Dachdeckung verrät die Liebe zum Detail: Da die Farbtöne der handelsüblichen Eternitplatten für das Dach unbefriedigend waren, wurde ein eigener, blaugrauer Schieferton, der den Farben der umgebenden Landschaft entspricht, angemischt und die Platten wurden damit eingefärbt.

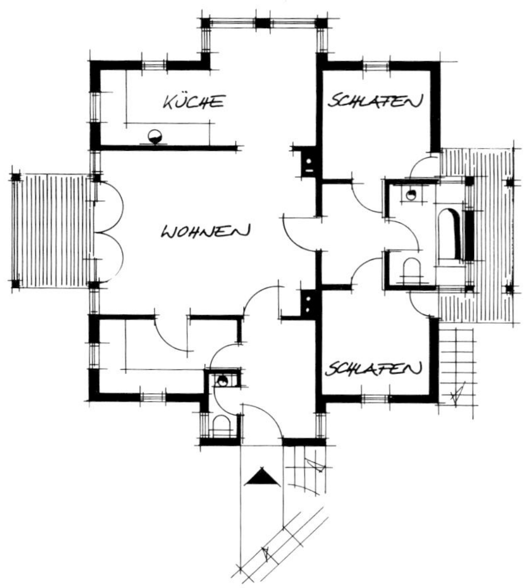

Grundrisse Erd- und Obergeschoß im Maßstab 1:200

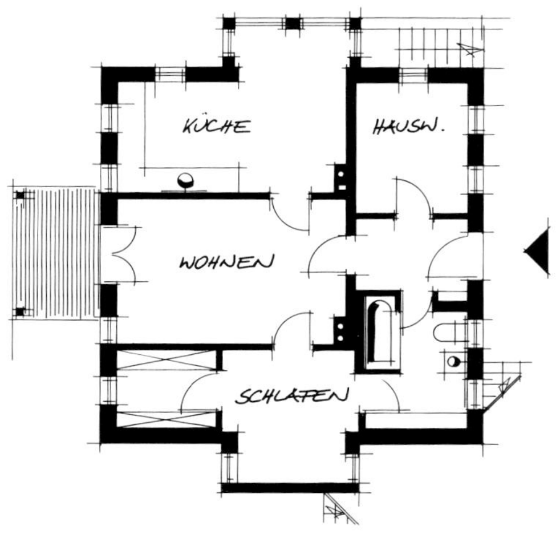

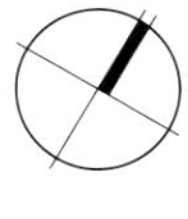

Oben: Die vorgefertigten Holzelemente des Rohbaus.
Mitte: Aus Rücksicht auf das Landschaftsbild zeigt sich die Architektur nur im Detail zeitgenössisch bewußt.
Unten: Eine ganz andere, eigene Architektursprache verrät der Innenraum.

Kostengünstig und flächensparend gebaut

Architekt: Hans Roth, Calw

Die Bauaufgabe: Ein 600 Quadratmeter großes Grundstück, das für ein übliches Einfamilienhaus bemessen war, sollte aus Kostengründen noch einmal geteilt und ursprünglich mit zwei Häusern bebaut werden. Die Vorgabe für das erste war, daß es in jedem Fall ein Holzhaus sein sollte, preiswert und „baubiologisch". Das Raumprogramm beinhaltete neben den üblichen Räumen noch drei Kinderzimmer, einen Wintergarten und ein kleines abteilbares Appartement.

Das Entwurfskonzept: Durch die steile Dachneigung war es möglich, im zweiten Dachgeschoß das Appartement einzurichten, im ersten die vier Schlafzimmer und das Bad. Im Erdgeschoß ist der Grundriß offen, Küche, Eßplatz und Diele gehen ohne Raumabschluß ineinander über, wobei der Wohnraum noch durch ein Gartenzimmer ergänzt wird, dessen Naturboden eine vollständige Bepflanzung zuläßt.

Von einer separaten Bebauung des abgetrennten Grundstücks wurde Abstand genommen und statt dessen eine nördliche zweite Haushälfte mit annähernd identischem Grundriß entwickelt - ein sowohl formal vernünftiges, als auch Kosten und Baugrund sparendes Konzept. Beide Häuser haben zusammen 251 Quadratmeter Wohnfläche.

Die Konstruktion: Auf dem massiven Untergeschoß wurde eine einfache Fachwerkkonstruktion aus Fichte erstellt, wobei die Gebäudetrennwände aus Schall- und Feuerschutzgründen ebenfalls massiv aus je 24 Zentimeter starkem Mauerwerk mit Trennfuge errichtet wurden. Die Holzkonstruktion der Decken und Wände ist innen mit Gipskarton beplankt (Decken mit Sandfüllung, Trittschalldämmung und Parkett), der Wetterschutz außen besteht aus gehobelter Deckelschalung. In den Dachgeschossen ist das Gebälk sichtbar, hier liegen die Nut- und Federschalung und die Dämmung auf den Sparren. Um das ganz nach ökologischen Gesichtspunkten gebaute Haus auch energietechnisch kostengünstig betreiben zu können, sind alle Vorrichtungen getroffen, die Heizung und das Brauchwasser über Sonnenkollektoren zu erwärmen - wenn eines Tages die Kosten-Nutzenrechnung stimmt und die Kollektoren endlich billiger werden.

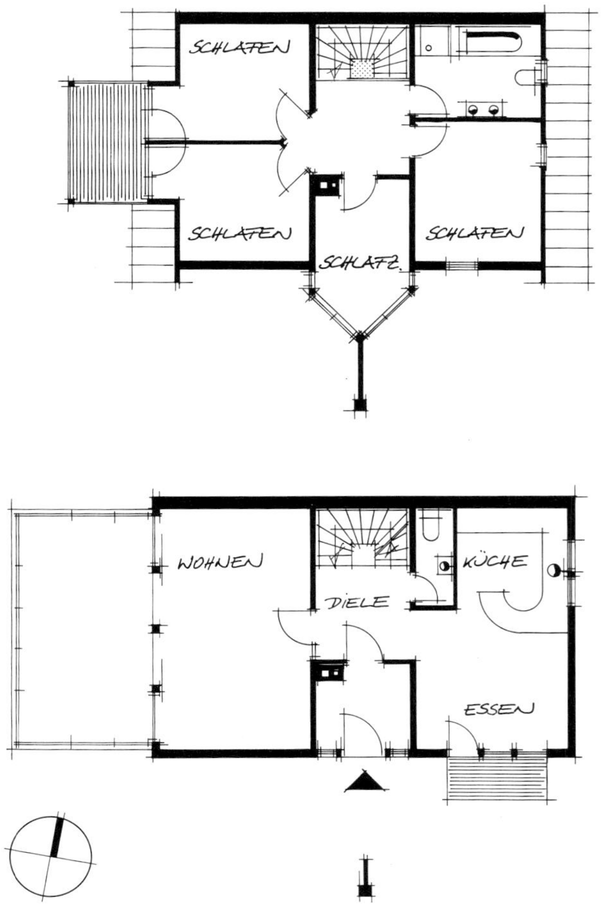

Grundrisse Erd- und Obergeschoß im Maßstab 1:200.

Oben: Der Eindruck eines Doppelhauses wurde bewußt vermieden.
Unten: Eine gute Volumenausnutzung bieten die steil geneigten Dächer.

Von den Vorzügen der Leichtigkeit

Architekten: Thomas Ott + Hans Fritzenschaft, Weinstadt-Strümpfelbach

Die Ausgangssituation: Auf dem parkartigen Grundstück gab es bereits ein Ateliergebäude, das ganz unauffällig in den Hang eingegraben war. Es sollte um einen Wohn- und Ausstellungsbereich erweitert werden. Um aufwendige Fundierungsarbeiten zu vermeiden, die bei einer Ergänzung in Massivbauweise erforderlich geworden wären, wurde das aufgesattelte Obergeschoß als leichte Holzkonstruktion ausgeführt.

Das Konzept: Der Grundriß, nach Süden orientiert, bietet vier Funktionsbereiche: den großen Atelierraum, als Raumteiler das eingestellte Bad, den Eß- und Küchenbereich und das über die ganze Front reichende Glashaus, das als Entree und Ausstellungsraum dient. Das große skulpturale Kuppeldach schafft eine markante Gebäudeform; im angenehmen Gegensatz dazu steht die sehr sauber detaillierte Planung des zurückhaltenden Innenraumes. Die gesamte Konstruktion wurde im Maßstab 1:20 und 1:1 gezeichnet und dann von einem Zimmermann und Tischler gebaut. Diese Unkompliziertheit des Gebäudes - seine einfache Leichtigkeit - ist vom Grundriß bis ins Detail spürbar. Das schließt aber Raffinesse nicht aus: beginnend bei der Form der Tonne für das Dach - runde Formen sind ja gerade die Domäne des Holzes, sie werden nur viel zu wenig genutzt - bis zu dem großen Schiebetor, das sich hinter den Schränken verbirgt und bei zu großer Sonneneinstrahlung oder Kälte vor das Glashaus gezogen werden kann. Auch die anderen Raumabgrenzungen wurden als Schiebetore ausgeführt. Hier verbindet sich das handwerklich Vertraute landwirtschaftlicher Scheunentore mit dem Raffinement japanischer Schiebewände, die vielfältige Grundrißveränderungen und Raumbezüge zulassen. Die in der gesamten Planung ausgeübte Reduktion schafft im Inneren auf 115 Quadratmetern eine lichte, freundliche Atmosphäre, die ganz vom Material Holz lebt, dem warmen Gelb des Fichtenholzes und den Reflektionsflächen der weiß lasierten Wände. So eindrucksvoll kann mit wenig Mitteln gebaut werden.

Grundrisse Erd- und Obergeschoß im Maßstab 1:200.

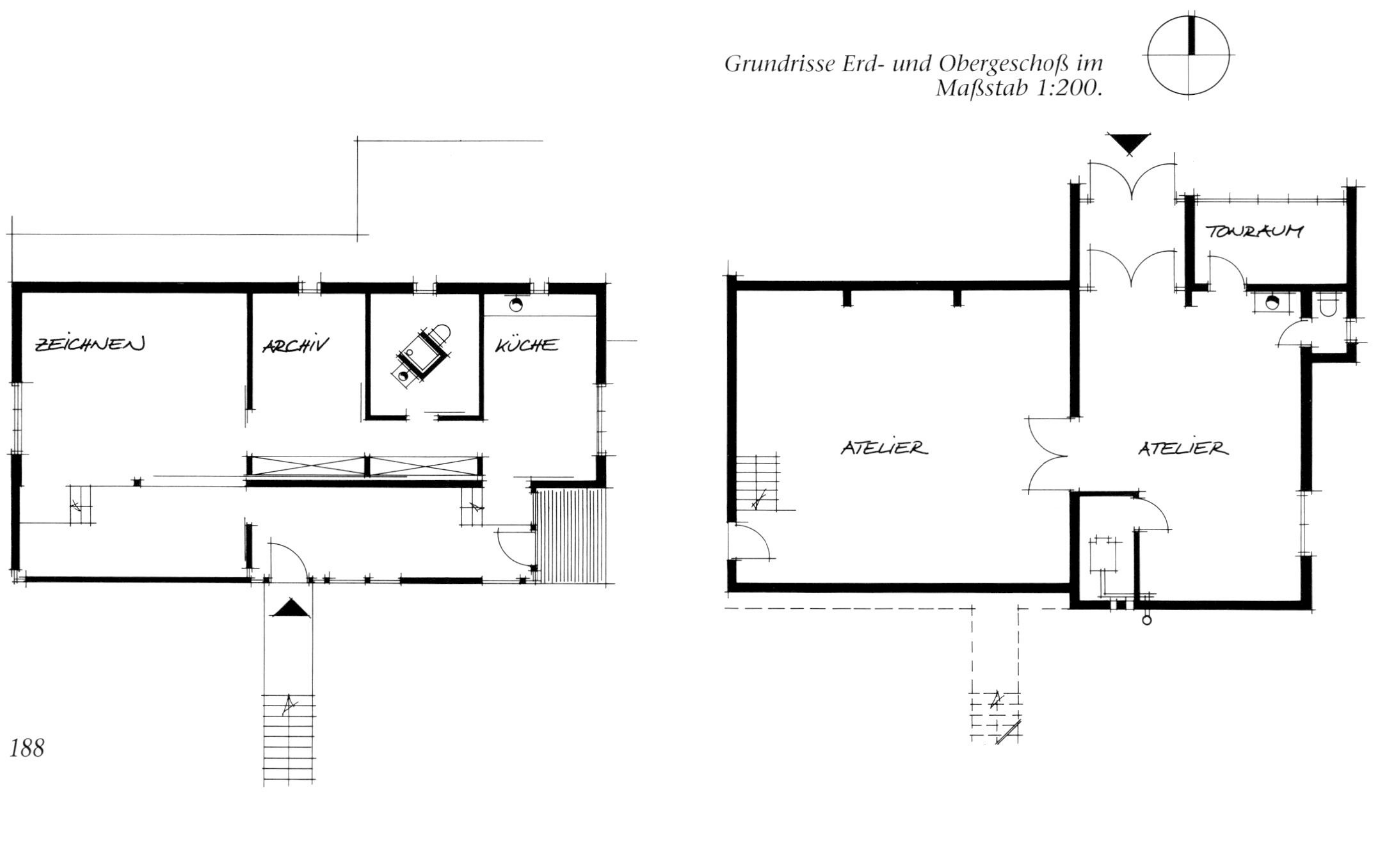

Links: Aus statischen Gründen erfolgte der Aufbau des neuen Wohn- und Ateliertraktes aus Holz

Links unten: Das Tonnendach schafft eine reizvolle Atmosphäre im Inneren - hier betont durch die Verglasung über dem eingestellten Waschraum, der einen interessanten Grundriß bietet.

Literaturhinweis

Hannsjörg Ahrens, Joachim Arlt, Georg Lindemann (Hrsg.)
Sammlung Planen und Bauen
Gesetze, Verordnungen, Richtlinien und Normen für Architekten
Berlin, Köln, 1990

LeRoy Oscar Anderson
Wood-Frame House Construction
Carlsbad, USA, 1992

Arbeitsgemeinschaft Holz e.V. (Hrsg.)
Beispiele moderner Holzarchitektur
Düsseldorf 1990

Dietrich Ecker, Ernst Giselbrecht
Moderner Holzbau in der Steiermark
Graz, 1992

Paulina Oyarzun Fuentes
Holzbausiedlungen
Stuttgart, 1992

Karl-Heinz Götz, Dieter Hoor, Karl Möhler, Julius Natterer (Hrsg.)
Holzbauatlas
München, 1980

Peter Hübner
Holzleichtbau
Universität Stuttgart, 1990

Wilfried Lewitzki
Wohnhäuser aus Holz
München, 1987

Julius Natterer, Thomas Herzog, Michael Volz
Holzbau Atlas Zwei
Düsseldorf, 1993

Michael Pollan
Second Nature - A Gardener's Education
New York, 1989

Manfred Sack, Timm Rautert
Einfache Paradiese - Holzhäuser von heute
Stuttgart, 1985

Swedish Museum of Architecture (Hrsg.)
Architecture in Wood
Stockholm, 1992

Hubert Willeitner, Eckart Schwab (Hrsg.)
Holz - Außenverwendung im Hochbau
Stuttgart, 1981

Architektenverzeichnis und Bildnachweis

Titelfoto:
R. Blunck, Tübingen
Architekten:
Ackermann + Raff, Tübingen
Zugehörige Projektdokumentation auf den Seiten 44-47

Ackermann & Raff
Architekten BDA
Bismarckstraße 12
72072 Tübingen
Fotos: R. Blunck, Tübingen
S. 44-47

a.d.u.k. Freie Planungsgruppe
Neues Bauen GMBH
Clara-Hätzler-Straße 17
86161 Augsburg
Fotos: H. Thomas, Krefeld
S. 70-73

ARCHIS
Diplom-Ingenieure
Freie Architekten
Schirmerstraße 2A
76133 Karlsruhe
Fotos: J. Weber, München
S. 60-63

Dr. Reiner Baumann
Dipl. Ing. Architekt
Lutzenbrunnen 41
74676 Niedernhall
Fotos: Archiv Architekt
S. 82-85, 98, 99

Peter Berten
Professor Dipl.-Ing. Architekt BDA
Leuschnerdamm 13
10999 Berlin
Fotos: Archiv Architekt
S. 106-109

Friedrich Brandstätter
Professor Diplomingenieur Architekt
Siebenstädterstraße 11
A-5020 Salzburg
Georgenstraße 46
80799 München
Fotos: Archiv Architekt
S. 64-65

Eugen Breitenbücher
Norbert Hirschbeck
Dipl. Ing. Architekten
Birkhahnweg 53a
81827 München
Fotos: W. Keller, München
S. 166-169

Büro 4
Stefan Wagner Frenz Wanner
Architekten BDA DWB
Bartl-Mayer-Weg 6
85386 Dietersheim
Fotos: K. Kroupa, München
S. 150-153

Helmut Dietrich
Dipl.-Ing. Architekt
Fabrikstraße 6
A-6858 Schwarzach
Fotos: Archiv Architekt
S. 146-147

Driendl + Steixner
Dipl. Ing. Architekten
Neubaugasse 8
A-1070 Wien
Fotos: E. Reichmann, Wien
S. 116-119

Robert Felber
Meg Arch.
Herbeckstraße 73/19
A-1180 Wien
Mitarbeit: Blanka Schmidt
Fotos: Archiv Architekt
S. 56-59

Architekt D.I. Wolfgang Feyferlik
Architekturbüro Glacis 7
Glacisstraße 7
A-8010 Graz
Fotos: P. Ott, Graz
S. 38-41, 138-141

Architekten Fink + Jocher
Barer Straße 44
80799 München
Fotos: Architeken
S. 2 (Skizze), 14, 42, 43, 100-103

Fischer + Steiger
Dipl.-Ing. Architekten
Baader Straße 19
80469 München
Fotos: M. Paal, München
S. 174-175

Mechtild Friedrich-Schoenberger
Dipl. Ing. Architektin
Nördliche Seestraße 16
82541 Münsing/Ammerland am Starnberger See
Fotos: Archiv Architektin
S. 162-165

Furrer + Tschanz
Architekten
Thormannstraße 48
CH-3005 Bern
Fotos: Archiv Architekten
S. 142-145

Architektin MMAG.
Sonja Gasparin
Seeuferstraße 34
A-9583 Faak am See
Fotos: P. Putz, Wien
S. 94-95

Professor Volker Giencke
Architekt DI
Beethovenstraße 22
A-8010 Graz
Fotos: Archiv Architekt
S. 10, 11

Silvia Gmür
Dipl. Architektin ETH BSA SIA
St. Johanns-Vorstadt 17
CH-4056 Basel
Fotos: Archiv Architektin
S. 24, 134-137

Architekten GPF & Assoziierte
Günter Pfeifer Roland Mayer
Industriestraße 2
79541 Lörrach
Fotos: F. Giovanelli, CH-Weiningen
S. 8, 9, 126-133

Rainer Hascher
Professor Dipl. Ing. Architekt
Fasanenstraße 61
10719 Berlin
Fotos: J. Werle, Hamburg
S. 114, 115

Alois Juraschek
Dipl.-Ing. Architekt BDA
Zellerhomstraße 36
83229 Aschau
Fotos: Archiv Architekt
S. 74-77

Kaag + Schwarz
Architekten BDA
Gutbrodstraße 2
70197 Stuttgart
Foto: Archiv Architekten
S. 15

Werkgemeinschaft
Professor Jochen Karrenbrock + Manfred Hammers
Dipl.-Ingenieure + Architekten
Arndtstraße 38
52064 Aachen
Fotos: Archiv Architekten
S. 32, 33, 86-87

Paul Katzberger
Karin Bily
Dipl. Ing. Architekten
Siebzehnföhrengasse 4
A-2380 Perchtoldsdorf
Fotos: M. Krischanitz, Wien
S. 148-149

Hans Kohl
Dipl. Ing. Architekt
Gundelindenstraße 5
80805 München
Fotos: E. Grasser, München
S. 176-177

Helmut Kuess
Dipl. Ing. Architekt
Ehreguta-Platz 8
A-6900 Bregenz
Fotos: Archiv Architekt
S. 156-157

Rolf Leinweber
Dipl. Ing. Architekt
Knesebeckstraße 20-21
10623 Berlin
Fotos: J. A. Gonzalez, Berlin
S. 104-105

Architekt Mag. arch.
Michael Loudon
Paulanergasse 13
A-1040 Wien
Fotos: M. Krischanitz, Wien
S. 35-37

Gert M. Mayr-Keber
Blechturmgasse 11
A-1050 Wien
Fotos: E. Mayr-Keber, Wien
S. 170-173

Professor Herbert Meyer-Sternberg
Dipl. Ing. Architekt BDA
Am Brombeerschlag 1
81375 München
Fotos: Archiv Architekt
S. 120-123

Architekt D.I.
Gerhard Mitterberger
Nibelungengasse 32c
A-8010 Graz
Schloßgasse 13
A-9900 Lienz
Fotos: Archiv Architekt
S. 48-51

Oxen + Römer
Gottesweg 165
50939 Köln
Fotos: Archiv Architekten
S. 124-125

Thomas Ott
Hans Fritzenschaft
Freie Architekten BDA
Hauptstraße 17
71384 Weinstadt
Fotos: Archiv Architekten
S. 188-189

Architekten BDA
Professor Dipl. Ing. H. Pfeiffer
Dipl. Ing. Ch. Ellermann
und Partner
Hinterm Hagen 50
59348 Lüdinghausen
Anklamer Straße 32
10115 Berlin
Fotos: Teamfoto Lüdinghausen
S. 154-155

Stephan Philipp
Dipl. Ing. Architekt
Thierschstraße 42
80538 München
Fotos: W. Hurle, München
S. 184-185

Clemens Richarz
Freier Architekt BDA
Liststraße 9
70180 Stuttgart
Mitarbeit: Joachim Helmle
Fotos: R. Blunck, Tübingen
S. 66-69

Hubert Rieß
Architekt Diplomingenieur
Wienerstraße 6
A-8020 Graz
Fotos: Archiv Architekt
S. 80-82

Hans Roth
Dipl. Ing. Freier Architekt
Kronengasse 3
75365 Calw
Fotos: Archiv Architekt
S. 186-187

Schaudt Architekten BDA
Seestraße 1
78464 Konstanz
Fotos: Archiv Architekten
S. 92-93

Joachim Schlandt
Dipl. Ing. Architekt
Jakob-Klar-Straße 1
80796 München
Foto: Archiv Architekt
Abbildung des Projektes auf der Buchrückseite

Doris Schmidt-Hammer
Thomas M. Hammer
Dipl. Ing. Univ. Architekten
Hochvogelplatz 3
81547 München
Fotos: Archiv Architekten
S. 182-183

Professor Erich Schneider-Wessling
Architekt BDA
Aachener Straße 24
50674 Köln
Foto: Archiv Architekt
S. 6

Schulitz + Partner
Architekten + Ingenieure
Professor Dipl. Ing.
Helmut C. Schulitz
M. Arch. Architekt BDA
Paul-Jonas-Meler-Straße 42
38104 Braunschweig
Fotos: F. Thomas, Krefeld
S. 28, 29, 158-161

Stolz Architekten
Dipl. Ing. Walter Stolz
Freier Architekt VDA
In der Kunstmühle
Klepperstraße 19
83026 Rosenheim
Fotos: Archiv Architekt
S. 178-181

Peter Stürzebecher
Professor Dipl.-Ing. Architekt
Hamburg, Berlin
Fotos: Archiv Architekt
S. 52-55

Team A Graz
Dipl. Ing. Herbert Missoni
Merangasse 35
A-8010 Graz
Fotos: Archiv Architekt
S. 78-79

Architekturbüro
Christian Vollbracht
Architekt BDA
Am Born 6
22765 Hamburg
Fotos: M. Bry, Füssen
S. 96-97

Werkgruppe Lahr
Freie Architekten DWB/BDA
Klostermühlgasse 25
77933 Lahr
Fotos: Archiv Architekten
S. 88-91

Werkstudio Unterrainer
Mühletorplatz 12
A-6800 Feldkirch
Fotos: Archiv Architekt
S. 110-113